CULTURE
DE LA VIGNE

ET

FABRICATION DU VIN

DANS LE

DÉPARTEMENT DE LA MOSELLE,

PAR G. DUFOUR,

MEMBRE DU CONSEIL GÉNÉRAL DE LA MOSELLE ET DU CONSEIL
MUNICIPAL DE METZ.

PRIX : 1 FRANC 25 CENTIMES.

A METZ,

REZ VERRONNAIS, IMPRIMEUR-LIBRAIRE ET LITHOGRAPHE,
RUE DES JARDINS, 14.

A PARIS,

CHEZ { M.me HUZARD, LIBRAIRE, RUE DE L'ÉPERON, 7.
COURCIER, LIBRAIRE, RUE HAUTEFEUILLE, 9.

1851.

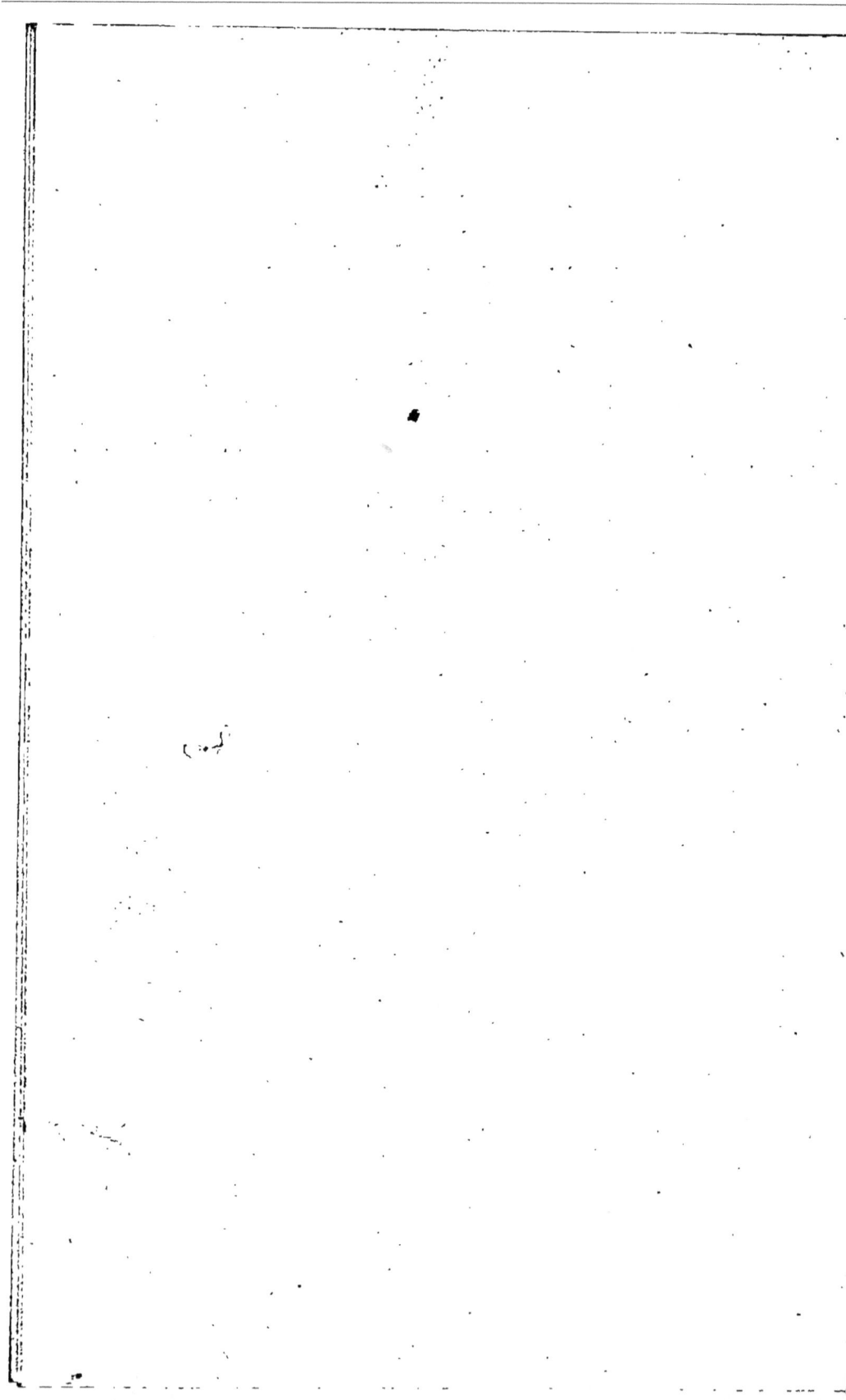

CULTURE

DE LA VIGNE.

CULTURE

DE LA VIGNE.

C.

CULTURE
DE LA VIGNE

ET

FABRICATION DU VIN

DANS LE

DÉPARTEMENT DE LA MOSELLE,

PAR M.ʳ G. D.

A METZ,

ᴇᴢ **VERRONNAIS**, Iᴍᴘʀɪᴍᴇᴜʀ-Lɪʙʀᴀɪʀᴇ ᴇᴛ Lɪᴛʜᴏɢʀᴀᴘʜᴇ,
ʀᴜᴇ ᴅᴇs Jᴀʀᴅɪɴs, 14.

A PARIS,

ᴇᴢ **M.ᵐᵉ HUZARD**, Lɪʙʀᴀɪʀᴇ, ʀᴜᴇ ᴅᴇ ʟ'Éᴘᴇʀᴏɴ, 7.

—

1850.

1851

AVANT-PROPOS.

Il y a quelque temps, j'ai publié sur la taille
ls arbres fruitiers un petit volume qu'on a bien
ulu recevoir avec indulgence; maintenant j'ap-
rte le résultat de mes observations sur la cul-
re de la vigne, et sur la fabrication du vin dans
département de la Moselle. Possesseur de
gnes d'une assez grande étendue, j'ai pu faire
elques remarques utiles; et d'ailleurs je ne
rai rien qui ne soit appuyé de l'autorité des
mmes qui ont le plus de réputation parmi nous.
Dans mon traité sur la taille des arbres, je
étais permis des citations et des digressions;
rs je n'écrivais que pour des personnes dont
bienveillance m'est connue. Aujourd'hui que
m'adresse au public, je me proposais de faire
ouvrage tout-à-fait sérieux; mais on n'exécute

pas toujours ce qu'on désire, et j'ai été détourné de ma résolution par un vieil ami dont les conseils m'ont été souvent utiles. En apprenant mon projet, M. G. se récria vivement : « Comment, me dit-il, vous ne voulez plus faire de citations, mais c'est justement ce qui me plaît dans votre écrit sur la taille des arbres ; et plus d'une fois j'ai laissé là votre livre pour rechercher les passages d'auteurs auxquels vous faisiez allusion. Je vous dois de la reconnaissance ; vous êtes cause que j'ai relu le vieillard de Coryce, les adieux d'Hector et d'Andromaque, etc. Pensez-y, mon cher D., ces jolis passages que l'on emprunte aux meilleurs écrivains, ce sont des fleurs qui viennent répandre leur parfum sur nos écrits. Ah ! je vous en prie, parlez-nous encore de Tytire, que je m'assoie à l'ombre des hêtres, que j'entende l'écho des bois répéter le doux nom d'Amaryllis, et que j'aperçoive Galatée, lorsque, fuyant à travers les arbres, elle fait semblant de se dérober à nos regards. De grâce, ne nous ôtez pas les ressouvenirs de la jeunesse. Vous rappelez-vous que, dans ces temps heureux, nos cœurs étaient ouverts aux espérances et aux illusions ; je ne sais, mais il me semble qu'alors le ciel était plus bleu, et que les bouquets de violettes avaient un parfum plus suave. »

Au milieu de ce retour vers le passé, j'avais

eu l'espoir que M. G. ne songerait plus ni à moi, ni à mon livre; mais il revint bientôt à son objet, et il me dit: « les citations, ce n'est pas chose si difficile; d'ailleurs on ne vous demande rien d'extraordinaire. Vous prendrez dans Virgile, dans Horace, partout où vous voudrez, les jolis passages qui ont quelque rapport à votre sujet; vous mêlerez tout cela à votre texte, vous ferez une liaison la meilleure possible, et vous assaisonnerez de sel attique. »

A propos, ajouta M. G. sans écouter mes objections, si vous pouviez citer un peu de grec, cela ferait bon effet. — Je répondis que je ne savais pas de grec. — Allons, reprit M. G., ne faites pas le modeste, je suis sûr que vous en savez quelques mots.

L'auteur. Puisque vous le voulez absolument, je vous avouerai que je me rappelle encore les trois premiers mots de l'Iliade.

M. G., *dans l'enchantement*. Mais c'est très-bien, et il n'en faut pas d'avantage; je connais un monsieur qui s'intitule homme de lettres et qui n'en sait pas autant que vous.

L'auteur. Vous vous moquez.

M. G. Pas du tout, je ne me moque pas, et la preuve c'est que je lirai votre livre sur la culture de la vigne. Vous n'ignorez pas que j'ai lu vos autres écrits d'un bout à l'autre, et il n'y a pas beaucoup de personnes qui pourraient en dire autant. Je vous promets le même dévouement pour votre nouvelle œuvre, mais c'est à condition que vous ferez des citations.

Plus d'une fois j'ai été sur le point de ne pas suivre les conseils de **M. G.** ; je me disais avec un peu d'humeur : « **M. G.** en parle à son aise, avec ses liaisons et ses mélanges, et puis est-ce qu'il s'imagine que j'ai du sel attique en provision ? Après tout, les citations ne signifient pas grand chose, et les personnes qui cherchent des renseignements sur la culture de la vigne, se moquent bien de toutes ces fadaises. » Je me disais tout cela et une infinité d'autres choses. Cependant j'ai fini par essayer de faire ce qui m'était demandé : je n'ai pas de confiance en moi-même, et ensuite j'ai cédé devant cette grave considération que **M. G.** m'a promis de lire mon livre, si l'on y trouvait des citations. Un lecteur assuré ! ! on ne s'imagine pas combien c'est précieux pour un auteur. Il est si doux de pouvoir se dire : je connais une personne qui lit mes ouvrages.

TABLE DES MATIÈRES.

CHAPITRE III.

CHAPITRE IV.

INTRODUCTION.

Dans quel lieu la vigne a pris naissance ; et comment,
  après s'être répandue sur la terre, elle est arrivée dans
  le département de la Moselle.

Si l'on en croit la fable, la vigne serait ori-
ginaire de l'Arabie heureuse : ce serait Bacchus
qui aurait découvert cette plante près de la ville
de Nisa. On sait que Bacchus était fils de Jupiter
et de Sémélé, et qu'après la mort de Sémélé,
Jupiter, pour le soustraire à la jalousie de Junon,
le confia aux nymphes de Nisa, qui l'élevèrent
en secret dans les cavernes des montagnes.
  Après avoir trouvé la vigne, Bacchus ne tarda
pas à inventer l'art de faire le vin ; cette liqueur
lui parut si agréable qu'il voulut communiquer
au monde cette précieuse découverte. Lorsqu'il

1*

eût enseigné l'usage du vin aux peuples de l'Égypte, il passa aux Indes; et, dans cette conquête toute pacifique, il appela le plaisir à son aide. Le Dieu s'avançait sur un char traîné par des panthères; autour de lui marchaient les Bacchantes, chantant, dansant au son des cymbales et des castagnettes. Les Bacchantes qu'il ne faut pas confondre avec les Vestales, étaient de jeunes femmes pleines d'agréments. On comprend que les peuples accouraient de toutes parts, attirés par le charme de ce spectacle. Bacchus réunissait les assistants dans d'immenses banquets; et, au milieu des libations, il expliquait la culture de la vigne et la fabrication du vin : sa méthode malheureusement n'est pas parvenue jusqu'à nous.

Bacchus et ses compagnes firent de nombreux prosélites; chacun se montrait docile à leurs leçons, les plus sages buvaient dans la coupe du plaisir. Quand les flacons étaient épuisés, le dieu frappait les fleuves avec sa baguette merveilleuse, et il changeait l'eau en vin : sans manquer de respect au fils de Jupiter, on peut dire que c'est là un prodige que plus d'un spéculateur a renouvelé de nos jours, au grand mécontentement des consommateurs, qui n'aiment pas les miracles de ce genre.

Après avoir converti les Indes, la troupe joyeuse traversa les mers pour se rendre en

Grèce. Les poètes nous ont conservé le portrait de Bacchus lorsqu'il parut en Hellénie : il avait des cheveux blonds magnifiques, une barbe admirablement tressée garnissait sa figure ; malgré les fatigues du voyage, il avait conservé la fraîcheur de la première jeunesse, et c'était toujours un fort joli garçon :

> Tibi inconsumpta juventa est,
> Tu puer æternus, tu formosissimus alto
> Conspiceris cœlo.

J'oubliais de dire que sur la tête il portait une couronne de lierre ; et sur les tempes il avait deux cornes dorées, en souvenir de l'ancien usage où étaient les hommes de se servir pour boire de cornes d'animaux. Il paraît au reste qu'il était fort satisfait de cet ornement, car il ne manqua pas de s'en décorer lorsqu'il descendit aux enfers :

> Te vidit insons Cerberus aureo
> Cornu decorum.

Les modes ont bien changé, et aujourd'hui le respectable père de famille qu'on représenterait de la sorte, ne manquerait pas de dire que c'est un ornement de fort mauvais goût.

La Grèce et toutes ses îles accueillirent Bacchus avec enthousiasme ; et, dans leur reconnaissance, les peuples instituèrent en son honneur des fêtes qu'on appela les bacchanales. Pendant ces fêtes qui étaient confiées aux femmes, celles-ci, vêtues à la manière des Bacchantes, parcouraient la campagne en jetant de grands cris et en invoquant le nom de Bacchus. Dans ces réjouissances, qui se ressentaient de l'ivresse de tous les plaisirs, on faisait beaucoup de bruit, et de là est venue notre expression de faire bacchanale : c'est un souvenir dégénéré de la mythologie.

De la Grèce la culture de la vigne se propagea rapidement dans l'Italie. Romulus résista au torrent des idées nouvelles ; il craignait d'amollir ses compagnons dont il voulait conserver toute l'ardeur pour les combats. Le fondateur de Rome défendit l'usage du vin, et ne permit que les libations avec le lait.

Numa Pompilius ne partagea pas les idées belliqueuses de son prédécesseur. On dit que, sous les ombrages discrets de la forêt d'Aricie, il avait des entretiens mystérieux avec une nymphe dont il suivait les conseils (et quels conseils sont plus doux à suivre que ceux de la femme qui nous aime, et qui partage nos joies et nos douleurs ?) Numa s'efforça d'adoucir les mœurs des Romains, il institua des fêtes, encouragea l'agriculture ; et, pour favoriser la plantation de la vigne, il permit les libations avec le vin. La nouveauté est pleine de charmes, et les dames romaines prirent un peu trop de goût aux libations. Le législateur leur interdit l'usage du vin ; et , pour s'assurer qu'elles n'en buvaient pas en cachette, on autorisa les hommes à les embrasser près de la bouche. De cette manière on s'apercevait par le souffle de l'haleine si la défense avait été enfreinte : c'était une singulière mesure de police. L'histoire ne dit pas que les dames se plaignirent , mais les hommes mariés ne tardèrent pas à jeter les hauts cris. De tout temps les maris ont été les mêmes , uniquement occupés d'eux , jaloux et voyant le mal où il n'est pas. Force fut cependant de faire droit à leurs réclamations. A partir de ce jour, dit un ancien annotateur, il ne fut permis de s'embrasser qu'en secret.

Cependant les années s'étaient écoulées , et l'on était arrivé à l'an 360 de la fondation de Rome. Un habitant de Clusium , qui avait à se venger des Romains, passa dans la Gaule avec une certaine quantité des meilleurs vins d'Italie ; il fit goûter aux indigènes cette liqueur enchanteresse, leur raconta des merveilles de la campagne de Rome , des joies et des richesses qui les y attendaient. Les Gaulois qui , à une autre époque , ne craignirent pas d'aller piller le temple de Delphes pour donner des bracelets d'or à leurs épouses et à leurs amantes, résolurent de pénétrer en Italie. Ils se réunirent en grand nombre ; et , sous la conduite de Brennus, ils marchèrent sur Rome.

Les moindres souvenirs de la famille sont précieux ; et l'on me pardonnera d'avoir recherché quel était le costume de nos ancêtres. D'après quelques historiens, on pourrait croire qu'ils étaient habillés à l'héroïque, comme Romulus dans le tableau de l'enlèvement des Sabines, mais ce serait une erreur ; j'ai la satisfaction de constater qu'ils étaient vêtus avec plus de décence : s'ils avaient les bras et les jambes nus, ils portaient du moins une espèce de tunique, qui descendait jusqu'aux genoux, et qui, sans doute, a plus tard donné naissance à la blouse. — Les Gaulois avaient-ils au-dessus de leurs étendards l'oiseau consacré à Mars et symbole de la vigilance ? Pendant quelque temps j'ai cru qu'il faudrait renoncer à cette croyance, c'était pour moi une pensée douloureuse ; heureusement un numismate très-distingué, M. Charles R....t est venu à mon secours ; et, dans une note écrite avec infiniment de goût, il m'a démontré qu'à remonter à une époque très-reculée, le coq servait d'enseigne dans les armées de nos pères.

Les Gaulois s'avançaient comme un fleuve débordé qui renverse tout sur son passage. Après avoir détruit l'armée romaine qui était venue à leur rencontre, ils arrivèrent devant Rome. La terreur était au comble dans la ville éternelle. Les Gaulois inspiraient alors une grande frayeur : c'étaient des hommes d'une taille gigantesque, d'une bravoure à toute épreuve; et, quand on leur demandait de quel droit ils envahissaient les pays voisins, ils répondaient fièrement, en brandissant leurs lourdes épées, qu'ils avaient le droit de la force, *se in armis jus ferre.*

Il était impossible de songer à défendre Rome. Les citoyens en état de combattre se retirèrent dans le Capitole, déjà trop petit pour les contenir; le reste de la population se dispersa dans la campagne, ou fut livré à la merci des vainqueurs. On dit que des vieillards, des anciens consulaires, ne pouvant se résoudre à la fuite, revêtirent leur costume de cérémonie, et que, s'étant assis dans leurs chaises curules devant l'entrée de leurs demeures, ils attendirent avec calme l'arrivée des ennemis.

Les Gaulois, devenus maîtres de la ville, essayèrent à plusieurs reprises d'enlever le Capitole. Enfin, voyant toutes leurs tentatives inutiles, ils consentirent à se retirer moyennant une rançon considérable; et Brennus, pour donner plus de poids à la balance, y jeta son épée en s'écriant: malheur aux vaincus, *Væ victis.*

C'en était fait de l'honneur des Romains, lorsque Camille, qui était exilé chez les Volsques, arriva au secours de son ingrate patrie (aux cœurs bien nés la patrie est toujours chère). Il tomba comme la foudre sur les Gaulois qu'il contraignit à la retraite : c'est du moins ce que raconte

Tite-Live, mais Polybe, Suétone et Justin ne parlent pas de cette circonstance; ils se bornent à dire que les Gaulois se retirèrent en emportant la rançon. Quoiqu'il en soit, il est permis d'affirmer que les Gaulois emportèrent des plants de vigne; c'est un fait hors de doute, et qui, au besoin, nous serait attesté dans une chanson de Béranger.

L'arbre de Bacchus réussit à merveille dans la Gaule. Jules César, lorsqu'il fit la conquête de cette contrée, trouva beaucoup de terrains cultivés en vigne; et l'auteur des commentaires raconte que nos ancêtres se servaient pour boire de la corne de l'urus: l'urus était un bœuf gigantesque qui existait alors dans nos forêts, et qui depuis en a disparu.

Au commencement de l'ère chrétienne, le midi de la Gaule, et la ville de Marseille notamment, faisaient un grand commerce de vins avec l'Italie. Il paraît au reste que ces vins n'étaient pas toujours de bonne qualité, car le poète Martial s'est plaint des négociants de Marseille, et il a dit, en parlant d'eux, qu'ils n'auraient pas osé venir à Rome dans la crainte qu'on les obligeât à boire de leur vin.

En l'année 92, une disette affreuse ayant désolé le monde, l'empereur Domitien ordonna d'arracher les vignes dans toute la Gaule; cet ordre barbare fut exécuté avec rigueur: les économistes du temps trouvaient qu'on ne cultivait plus assez de terres en céréales. Nos ancêtres furent obligés de renoncer au vin, mais ils ne renoncèrent pas à boire; ils se mirent à fabriquer de la bière et de l'hydromel. Les passions des hommes sont ingénieuses à se satisfaire; et de nos jours les membres des sociétés de tempérance, qui ne font pas usage de liqueurs fermentées, consomment en revanche toutes sortes de limonades et une infinité de tasses de thé; et depuis quelque temps ils ont commencé à boire de l'opium: ce n'était pas la peine de parler de tempérance, pour finir par s'enivrer avec du poison.

Cependant les Gaulois ne pouvaient s'habituer à se passer de vin; ils se livraient à des lamentations continuelles. Enfin leurs plaintes furent entendues, et en l'année 282 l'empereur Probus permit de replanter la vigne: la joie fut générale, il semblait qu'on renaissait à l'existence, que le bonheur allait revenir sur la terre. Partout on se mit à l'œuvre, hommes, femmes, vieillards, enfants, tout le monde voulut contribuer à cette œuvre patriotique. C'est alors que la vigne pénétra dans le département de la Moselle, et que l'on vit se couvrir de pampres les coteaux fortunés de Dornot, de Scy, d'Augny, de Guentrange, etc. Les vins de la Moselle acquirent bientôt une grande renommée, et nos vignobles ont été célébrés par le poète Ausone.

Il est souvent dangereux d'attirer l'attention sur soi : les Gaulois, qui avaient envahi l'Italie pour goûter les vins de cette contrée, furent à leur tour envahis par les Germains qui, voulant goûter les vins de la Gaule, firent irruption chez nous dans le v.ᵉ siècle. Disons que ce n'était pas seulement la qualité des vins qui attirait les Germains, c'était encore la douceur du climat, la fertilité du sol, les agréments de l'existence, et par-dessus tout, les charmes de nos grand'mères.

Ici je rapellerai quelques détails que l'histoire nous fournit au sujet des femmes gauloises. Elles avaient la peau d'une blancheur éblouissante ; leurs yeux étaient de l'azur le plus pur, et leurs cheveux blonds retombaient en boucles épaisses sur leurs épaules. A ces avantages extérieurs elles joignaient les qualités de l'âme ; aussi avaient-elles inspiré tant d'estime que, dans les assemblées de la nation, on ne décidait rien sans les consulter. Pleines de courage, elles ne craignaient pas d'affronter l'ennemi, en combattant dans les rangs des guerriers ; et leur tendresse conjugale était si vive, que plus d'une fois on vit des veuves au désespoir se précipiter sur le bûcher qui consumait les restes de leurs époux. Dans ces temps reculés, dit Tacite, les personnes du sexe étaient considérées comme des êtres surnaturels, qui avaient quelque chose de divin.

Grâce aux femmes, la vigne ne souffrit pas de

l'invasion des barbares. Séduits par les attraits des Gauloises et dociles à leurs conseils, les Francs ne tardèrent pas à devenir d'excellents vignerons. Et qui résisterait à la beauté? Hercule, le grand Hercule n'a-t-il pas appris à filer pour plaire à Omphale?

Pendant une longue suite de siècles, le vin avait été la consolation de nos ancêtres ; cela suffisait pour lui attirer la haine de Charles ix. Ce prince barbare renouvela l'attentat dont s'était rendu coupable l'empereur Domitien : il proscrivit la culture de la vigne, c'était une autre Saint-Barthélemy. Heureusement cette proscription ne fut pas de longue durée ; et, peu de temps après, Henri iii rapporta l'édit de son prédécesseur. Depuis cette époque, la vigne a encore été l'objet de quelques tracasseries qui n'ont été que passagères. Ainsi Louis xv voulut empêcher la plantation de nouvelles vignes ; ainsi les parlements, à l'exemple des ducs de Bourgogne, voulurent obliger les habitants à ne cultiver que les meilleurs raisins, comme s'il ne fallait pas des vins de différentes qualités pour les différentes fortunes.

Aujourd'hui le triomphe de la vigne est assuré à jamais ; et, au milieu de la liberté dont nous jouissons, chacun fait de louables efforts pour améliorer cette culture importante : c'est en même temps améliorer le sort d'une partie de la population des campagnes.

Je viens, obéissant à ces idées de progrès, indiquer les méthodes qui m'ont paru préférables. Les noms de nos meilleurs viticoles se retrouveront souvent sous ma plume reconnaissante. Je ne marche que de loin sur les traces de ces hommes habiles, mais je serais trop heureux, si je pouvais montrer la route à quelques-uns de nos concitoyens.

CHAPITRE I.er

⋖♦⋗

PLANTATION DE LA VIGNE. — QUELQUES OBSERVA-
TIONS GÉNÉRALES. PRINCIPALES VARIÉTÉS DE RAI-
SINS. DÉTAILS RELATIFS A LA PLANTATION. DIF-
FÉRENTS MODES D'ÉCHALASSEMENT.

QUELQUES OBSERVATIONS GÉNÉRALES.

Le raisin est l'un des fruits les meilleurs et
les plus utiles, et Horace a dit avec raison qu'il ne
fallait cultiver aucune plante préférablement à
la vigne.

Il y a un grand nombre de variétés de raisins;
ce nombre n'est cependant pas aussi considérable
qu'on pourrait le croire d'après la diversité des
noms : ainsi, pour ne citer qu'un exemple, il y
a dans notre pays un raisin que nous appelons

indifféremment Simoro, noir de Lorraine, Enfumé, Gros-Bec, Gouais et Noir-Gôt.

Il y a des variétés de raisin qui, après avoir joui d'une grande réputation, finissent par dégénérer, et disparaissent pour faire place à d'autres qui disparaîtront à leur tour : c'est l'histoire des meilleures choses de ce monde.

Il arrive quelquefois que des raisins, excellents dans une contrée, n'ont ailleurs aucun mérite : aussi, lorsqu'on veut introduire des espèces nouvelles, on doit agir avec circonspection, surtout si l'on transporte dans le nord des raisins du midi. Comme on le pense bien, l'espèce des raisins influe singulièrement sur la qualité du vin, mais la qualité des raisins dépend elle-même beaucoup de la nature du sol.

On a remarqué que les coteaux étaient plus favorables que les plaines à la culture de la vigne. Virgile a dit : *Bacchus amat colles.* Cependant il y a des plaines qui produisent de très-bon vin. On a remarqué aussi que la vigne se plaisait davantage dans les lieux exposés au soleil, ce qui n'empêche pas de récolter du vin excellent dans des lieux exposés au nord : la nature est comme une belle, elle est un peu capricieuse.

En général, partout où le raisin mûrit, on peut avec des soins obtenir du vin de bonne qualité. Il va sans dire toutefois qu'on ne fera pas du vin de Bordeaux dans le département de la

Moselle, pas plus qu'on ne parvient à faire à Metz des confitures de groseilles aussi bonnes qu'à Bar : chaque pays a ses productions, et c'est un bien, puisque cela nous rappelle sans cesse que nous avons besoin les uns des autres.

Il ne faut pas croire non plus que dans une contrée, la qualité du vin puisse éternellement rester la même ; tout change sur cette terre, et les vignobles qui jadis étaient les plus renommés, sont maintenant tombés dans l'oubli.

Ainsi le vin de Cécube, que le poéte Horace aimait presqu'autant que la douce voix et que le doux sourire de Lalagé, le Cécube, disons-nous, n'avait déjà plus aucune réputation du temps de Pline ; cet auteur nous apprend qu'on avait sacrifié la qualité à la quantité. — Sur les bords du lac Maréotis, en Égypte, il y avait des vignes qui produisaient une liqueur délicieuse dont la reine Cléopâtre aimait à mouiller ses lèvres. Ces vignes ont disparu sous les flots de sable qu'amoncèle incessamment le vent du désert. — Le vin de Chio, que Virgile proclame le roi des vins, *et rex ipse phanœus*, a perdu sa célébrité depuis longtemps ; le nom de Chio ne nous est connu que par les massacres dont cette île malheureuse a été le théâtre pendant les guerres de l'indépendance de la Grèce. — L'empereur Julien a célébré le vin des environs le Paris ; et de nos jours, dès qu'on prononce

le nom de Surenne, les gosiers effrayés se res-
serrent : on est tenté de croire que l'on va étran-
gler. —Du temps des croisades, Louis-le-Jeune,
lorsqu'il était en Palestine, et qu'il songeait à la
patrie absente, donnait un souvenir à son vin
d'Orléans; aujourd'hui le vin d'Orléans n'est bon
qu'en salade, c'est un vinaigre de première
qualité.

Maintenant si nous examinons les vins qui font
la gloire des tables modernes, nous verrons que
la plupart ne sont pas connus depuis très-long-
temqs : ainsi le vin de Bordeaux n'est devenu
célèbre que sous Louis XIV, et c'est Henri IV
qui a mis en honneur le vin d'Arbois. Cependant
il existe quelques vignobles dont la réputation
remonte à une époque assez ancienne; je citerai
particulièrement Condrieux : déjà, il y a plusieurs
siècles, le vin blanc de Condrieux jouissait
d'une grande faveur, il était fort goûté par les
dames de Roanne, et j'ai lu qu'aujourd'hui encore les dames de Roanne l'aiment beaucoup, ce
qui prouve deux choses, que le vin de Condrieux
est toujours bon, et que les dames de Roanne
ont de la constance dans leurs goûts.

Des diverses observations que l'on a faites,
nous pouvons tirer la conséquence que si nos
vignes donnent de bon vin, il faut par des soins
les empêcher de dégénérer; que si au contraire
nos vignes n'ont pas encore de réputation, il

nous est peut-être réservé d'en obtenir un nectar nouveau.

Quoiqu'il en soit, si l'on veut s'occuper avec fruit de la culture de la vigne, la première chose à faire, c'est de choisir l'espèce de raisin qui convient au but qu'on se propose. Il faut savoir si l'on veut rechercher la finesse, ou bien l'abondance des produits. Il est beau de ne songer qu'à la qualité, mais presque toujours il est plus avantageux de viser à la quantité : on doit au reste consulter le goût de la population, car ce serait folie de s'appliquer à produire des vins excellents, si l'ingrat public ne voulait pas les payer plus cher que les médiocres.

On doit aussi, dans le choix des raisins, prendre en considération la nature et l'exposition du sol, et par exemple, si le terrain est exposé à la gelée, il faut y planter les espèces qui sont le moins sensibles au froid.

J'ai ouï dire quelquefois qu'il était bon de cultiver plusieurs variétés de raisins, la même variété ne réussissant pas plusieurs années de suite. On n'oubliera pas qu'il est convenable de planter chaque espèce séparément : les espèces faibles souffrent du voisinage des espèces vigoureuses, et d'un autre côté le mode de culture et l'époque de la maturité ne sont pas les mêmes pour les différents fruits.

Je dirai, en finissant, que le parti le plus sage,

2

lorsqu'on plante des vignes, c'est de choisir les raisins qui réussissent le mieux dans la contrée.

PRINCIPALES VARIÉTÉS DE RAISINS.

Les raisins les plus connus dans le département de la Moselle sont :

Le petit-noir, menu-noir ou tendre-fleur,

Le Pinot, petit et gros,

Le franc-noir,

Le vert-noir,

Le Meunier, feuille-blanche ou Fernèse,

Le Simoro, noir de Lorraine, gros-bec, enfumé, Gouais ou noir-Gôt.

L'Éricé, Liverdun ou grosse-race,

L'Auxerrois gris,

L'Auxerrois vert,

L'Auxerrois blanc,

L'Éricé blanc,

Le Fromenteau ou gros Auxerrois blanc,

La Hemme rose,

La Hemme jaune,

La Hemme verte,

L'Aubin jaune,

L'Aubin vert,

Et les Pétrécines ou Riesling.

Nous allons essayer de décrire ces différentes variétés de raisins.

Petit-noir. — Le petit-noir qu'on appelle aussi menu-noir et tendre-fleur, est le raisin par excellence ; il mûrit de bonne heure, est très-bon à manger, et fournit le meilleur vin de notre pays ; malheureusement le petit-noir n'est pas productif, il charge peu et coule volontiers. — Les grappes, petites, sont assez serrées, lorsque la végétation est vigoureuse ; dans le cas contraire, les grappes sont claires, et parmi les grains d'inégale grosseur, il y en a de très-petits. Les grains, ronds, ont la peau fine, et sont pleins d'un jus sucré. — Les feuilles assez grandes et un peu raboteuses ne sont pas échancrées profondément ; elles tombent très-tôt. — Le bois du petit-noir est généralement faible, et les branches ne sont guère plus grosses à la base qu'à l'extrémité ; quand le bois est mûr, l'écorce est brunâtre. — Le vin que produit le petit-noir est d'une belle couleur ; il est bientôt bon à boire, et néanmoins il se conserve longtemps.

Pinot. — Dans notre département on donne le nom de Pinot à une espèce de raisin dont je n'ai trouvé nulle part la description. Le Pinot ne ressemble pas au petit-noir : il n'est pas bon à manger ; le vin qu'il produit, et qui d'ailleurs est très-estimé, se conserve plus longtemps, il est plus ferme et a besoin d'être attendu, il est plus coloré. — Le Pinot mûrit difficilement, ce qui tient à ce que ses grappes sont toujours excessivement serrées. Il faut dire que la floraison durant longtemps, la maturité des grains est inégale.

D'ailleurs le Pinot, sans être très-mûr, produit de bon vin.—Le Pinot pousse jusqu'aux gelée, et ses branches sont encore couvertes de feuilles vertes, lorsque les autres vignes ont déjà perdu leur feuillage. Ses branches se tiennent moins droites que celles du petit-noir. Les boutons sont plus rapprochés, et le bois rougeâtre est d'une couleur moins foncée. — Dans un sol convenable le Pinot est très-productif. Sa végétation est vigoureuse, et c'est l'espèce de raisin qui donne le plus d'ouvrage aux vignerons.

Il y a plusieurs variétés de Pinots : on en distingue deux principales, le petit et le gros. — Le gros Pinot est généralement préféré. — Le petit Pinot mûrit fort difficilement. Ses grappes, qui sont très-petites, ont toujours quelques grains verts. La queue de ce raisin est mince, et ronde comme une ficelle ; et à la vendange on ne prend pas la peine de la couper, on l'arrache. Les branches sont tellement traînantes que les vignerons ont donné à ce Pinot le surnom de *traînard*, de *ronceux*.

Franc-noir. — Le franc-noir est plus productif que le petit-noir : il mûrit presque aussitôt, mais il n'est pas aussi bon à manger ; et le vin qu'il produit est moins coloré, plus faible, et se garde moins longtemps. — De même que le petit-noir, le franc-noir est exposé à couler. — Dans des circonstances favorables, les grappes sont longues et pleines, mais si la végétation est faible, les grappes s'éclaircissent, et une partie des grains restent petits.— Le franc-noir ressemble au petit-noir par le bois et par le feuillage ; seulement il a le bois plus fort et le feuillage plus grand. La feuille tombe aussi de très-bonne heure. —On cultive beaucoup le franc-noir sur les bords du Rupt-de-Mad.

Vert-noir. — Le vert-noir est beaucoup moins bon à manger que le petit-noir ; il est très-fertile, il ne coule pas et il mûrit assez facilement ; mais le vin qu'il produit est dur. — Les grappes du vert-noir sont plus longues et plus serrées que celles du petit-noir : les grains ont la peau et la pulpe plus épaisses ; les pepins sont plus nombreux. — Le vert-noir a le bois plus fort que le petit-noir ; l'écorce est plus brunâtre, et le feuillage est d'un vert plus foncé. —On peut voir des vignes plantées en vert-noir dans le village de Nouilly.

Meunier. —Le Meunier qu'on appelle aussi feuille-blanche et Fernèse, est facile à reconnaître. Les boutons, et ensuite les feuilles, à l'envers surtout, sont garnis d'une espèce de duvet blanc. Le bois est d'une couleur plus foncé que le petit-noir, et les boutons sont plus rapprochés. — Ce raisin mûrit de très-bonne heure ; il est extrêmement fertile, et il ne coule pas. —Les grappes ne sont pas fortes, mais elles

2*

sont pleines et les grains sont d'une grosseur égale. — Le meunier prospère en terrain plat, même argileux. — Il gèle difficilement à cause du duvet qui recouvre les bourgeons ; et lorsqu'il gèle, les sous-yeux produisent encore du raisin. — Le vin que produit le meunier, est coloré mais de qualité médiocre.

Ericé noir, grosse race ou Liverdun. — C'est l'espèce de vignes qui produit le plus. Sur le même bourgeon les raisins se montrent les uns au-dessus des autres ; et, si les jeunes pousses périssent par la gelée, on voit bientôt apparaître de nouveaux fruits qui sont produits par les sous-yeux et même par les bourgeons qui sortent du vieux bois. — L'Éricé mûrit assez bien lorsqu'il n'est pas trop chargé de fruits. — La grappe n'est pas très-longue ; elle est grosse et les grains ont la peau mince. — Le bois n'est guère plus fort que celui du petit-noir ; il est presque de la même couleur, mais il est rayé. — Les feuilles sont unies et d'un vert plus foncé que le petit-noir. — Le raisin de l'Éricé est fade ; son vin est plat et ne se conserve pas longtemps.

Il y a des personnes qui prétendent que l'Éricé n'est pas la même chose que le Liverdun : les raisins que l'on m'a montrés sous le nom de Liverdun, m'ont paru n'avoir pas de différence avec l'Éricé. Il est possible que je n'aie pas fait assez de recherches.

Simoro, autrement dit noir de Lorraine, gros-bec, noir-Gôt, enfumé, et Gouais. Ce raisin qu'il est facile de reconnaître, ne ressemble pas au petit-noir : le bois est fort et se tient droit; les boutons sont très-écartés, et l'écorce est jaunâtre; les feuilles d'un vert clair ont les échancrures profondes. — Le Simoro est très-productif et il ne coule que rarement. — Les grappes sont longues; les grains sont écartés, d'une grosseur égale, et d'un très-beau noir. Le pédoncule ou bois de la grappe est rouge. — Le Simoro mûrit bien, si l'on a l'attention de ne pas laisser trop de fruits sur les ceps.

Le Simoro a un léger goût qu'on a comparé à celui de la fumée : le vin qu'il produit est ferme, se conserve longtemps et s'améliore avec les années.

Il y a une mauvaise espèce de simoro dont les raisins qui sont très-clairs, mûrissent fort difficilement.

Auxerrois gris. — Ce raisin, d'une couleur gris rosé, est extrêmement répandu. Il mûrit de bonne heure; par le bois et par le feuillage il a de la ressemblance avec le petit-noir; comme lui il est disposé à couler, mais son produit est un peu plus considérable. — Selon la vigueur de la végétation, les grappes sont de dimensions différentes, et les grains sont tantôt serrés, tantôt clairs et de grosseur inégale. Les grains d'ail-

leurs ont la peau excessivement fine, et leur jus
sucré est fort agréable au goût. On fait avec
l'auxerrois un vin blanc qui a un bouquet très-
agréable, et qui se conserve longtemps : c'est un
des meilleurs vins blancs de notre pays.

J'ai oui dire qu'il y avait plusieurs variétés de
ce raisin, le petit auxerrois gris, le gros auxerrois
gris, et l'auxerrois gris de Dornot : ces nuances
ont échappé à mes investigations.

Lorsqu'on parcourt les vignes à l'époque de
la vendange, on voit souvent des auxerrois qui
sont moitié roses et moitié noirs ; ce sont les
fleurs des petits noirs qui, portées par les vents,
sont venues se mêler aux fleurs des auxerrois.

L'auxerrois est peut-être encore meilleur à
manger que le petit-noir : c'est le raisin qu'on
offre avec le plus de confiance et qu'on accepte le
plus volontiers. Je me rappelle qu'en 1846, deux
jeunes dames très-aimables étant venues nous
voir au moment de la vendange, je les conduisis
dans une de mes vignes qui est plantée d'auxerrois.
Elles voulurent bien les trouver excellents ; et,
à chaque grappe nouvelle que je leur offrais,
c'était des éloges sans fin et avec des voix si
douces et des yeux si reconnaissants que mon
cœur de propriétaire en était tout attendri : je
leur aurais volontiers fait manger toute ma récolte.
Lorsque nous sortimes de la vigne, je m'apperçus
qu'elles lançaient à mes raisins des regards très-

coquets : ce fut pour moi un véritable triomphe ; et, à une autre époque de ma vie, je n'aurais pas été plus heureux de me trouver moi-même sous le feu de ces œillades.

Auxerrois vert. — Ce raisin, d'un rose verdâtre a la grappe grosse et les grains serrés : le bois est plus fort que celui de l'auxerrois gris, le feuillage est le même. L'auxerrois vert est plus productif que l'auxerrois gris, mais il est beaucoup moins bon à manger, et le vin qu'il fournit est d'une qualité inférieure.

Auxerrois blanc. Éricé blanc. — Dans notre département on donne le nom d'auxerrois blanc à deux raisins bien distincts.

L'auxerrois blanc, proprement dit, a la grappe serrée et marquée de beaucoup de petits points bruns ; les grains d'une couleur un peu verdâtre, se teignent en roux dans la partie exposée à la lumière. — L'autre auxerrois blanc qu'on appelle aussi Éricé blanc a la grappe peu serrée et faiblement tiquetée. Les grains, ronds, sont jaunes, et roux très-foncé du côté du soleil.

Ces deux raisins qui ont les grappes assez longues, sont plus productifs que l'auxerrois gris auquel ils ressemblent par le bois et par le feuillage ; ils ne coulent pas, sont agréables à manger et donnent de bon vin. On prétend que le vin de l'auxerrois blanc proprement dit est plus sucré que celui d'auxerrois gris.

Fromental ou gros auxerrois blanc. — Ce raisin qui est extrêmement productif, prend peu de bois, ne coule pas ; et en cas de gelée, ses sous-yeux donnent encore du fruit. Les feuilles sont rondes et très-grandes. La grappe est attachée court ; elle est grosse et a les grains serrés. Le raisin qui reste vert n'est pas bon à manger, et son vin est de peu de qualité.

Hemmes rose, jaune et verte. — Les hemmes poussent vigoureusement, et dans un sol convenable, ce sont des espèces extrêmement productives. Les grappes sont grosses, longues et bien pleines. — Le bois est fort, d'une teinte rougeâtre ; les feuilles sont grandes, raboteuses et peu découpées. — Les hemmes produisent un vin assez agréable au goût, mais faible et qui ne se garde pas longtemps.

La hemme rose que l'on appelle aussi rouge-blanc, a les grains plus gros, plus serrés, le bois plus rouge et les feuilles d'un vert plus foncé que les autres hemmes. La hemme rose plaît beaucoup à l'œil par sa jolie couleur.

La hemme jaune, dont le fruit devient jaune à la maturité, est l'espèce la plus répandue. On en cultive beaucoup à Kontz ; j'en ai vu quelques vignes à Montoy.

La hemme verte est moins estimée que les autres ; elle ne mûrit pas aussi bien, et ses raisins qui ont toujours une teinte très-verte, produisent un vin moins bon.

Aubin jaune. Aubin vert. — L'aubin vert est ainsi nommé parce que son fruit reste vert à la maturité C'est un raisin très-productif, et dont les sous-yeux, en cas de gelée, donnent encore du fruit. — La grappe est forte, attachée court et à grains serrés. — Le bois un peu rougeâtre est gros mais pas très-grand. — Les feuilles sont vertes, un peu découpées et de forme allongée. — L'aubin vert mûrit difficilement ; il n'est pas bon à manger et le vin qu'il fournit est médiocre.

L'aubin jaune diffère beaucoup du vert ; il mûrit de très-bonne heure ; il est bon à manger et c'est à lui qu'on doit l'excellent vin blanc de Magny ; malheureusement c'est un fruit qui gèle très-facilement et dont la récolte est fort peu abondante. — La grappe est longue et peu serrée. Les grains sont petits, légérement oblongs et de couleur jaune ; la peau est assez dure. — Le bois est moins gros que celui de l'aubin vert ; les feuilles sont moins grandes, moins vertes et encore plus allongées.

Pétrécine ou Riesling, petite et grosse espèce. — La petite pétrécine a la grappe moyenne et assez serrée. Les grains ronds et tiquetés, sont verdâtres, sauf la partie exposée au soleil qui se colore en brun. — Le bois est blanchâtre et rayé ; les feuilles sont assez petites, découpées et d'un vert foncé. — La pétrécine pousse tard et par suite elle est peu exposée à la gelée. Elle ne coule pas et sa récolte ne manque presque jamais : c'est une espéce productive. — La pétrécine a un goût particulier; elle mûrit difficilement, ce qui ne l'empêche pas de donner un vin très-estimé. — Les vignerons disent que la maturité se complète dans le tonneau.

La grosse pétrécine ressemble à la petite pour le bois et pour le feuillage, mais elle mûrit encore plus difficilement; son vin est beaucoup moins bon. — La grosse pétrécine a la ressource de son sous-œil en cas de gelée.

Telles sont les variétés de raisins les plus connues aux environs de Metz. Dans les descriptions que je viens de faire, on ne pourra voir que des indications, car l'aspect des vignes varie beaucoup selon les lieux, et selon la vigueur de la végétation.

DÉTAILS RELATIFS A LA PLANTATION.

Maintenant que nous avons indiqué les principales variétés de raisins, il faut nous occuper de la plantation; cette opération est d'une grande importance, car les vignes bien plantées conservent toujours l'avantage sur les autres.

ÉPOQUE DE LA PLANTATION.

Le moment le plus favorable pour la plantation, c'est l'automne, après la chûte des feuilles : alors la sève est arrêtée ; la terre a le temps de

se resserrer sur les végétaux confiés à son sein;
et, lorsqu'arrivent les beaux jours, les jeunes
vignes profitent mieux des pluies fécondes du
printemps, et n'ont pas à craindre les hâles des-
séchants du mois de mars.

CHOIX ET ACHAT DE PLANTS DE VIGNE.

Lorsqu'on veut planter, la première chose c'est
de se procurer les plants dont on a besoin. Si l'on
est obligé de les acheter, et que l'on ne s'adresse
pas à des personnes de confiance, il est indispensable d'aller, à la vendange, visiter les vignes
dans lesquelles on s'approvisionne; alors, les
fruits étant aux ceps, on peut juger non seulement
de la qualité des raisins, mais encore de la fécondité des ceps. Les mêmes raisins ne sont pas également bons; et, si l'on voulait se créer une pépinière, on ferait bien de choisir cep par cep, à
l'exemple de M. Boissy, de Vantoux.

Pour planter on fait usage, soit de pieds enracinés qu'on appelle plants à barbe, soit de
simples branches qu'on appelle bouts de *mariens*.
— Les bouts de mariens sont les extrémités des
sarments de l'année, qui tombent à la taille. On
ne connaît pas, dans notre département, l'usage
des crossettes qui sont des branches de l'année,
garnies par le bas d'un peu de bois de l'année
précédente. — Les pieds enracinés sont ordinairement des branches marcottées au printemps,

3

et qui ont pris racine dans le cours de l'année,
(page 60). On peut aussi se préparer des plants à
barbe, en plantant des bouts de mariens dans
un bon terrain; après deux ans, ils sont assez
forts pour être mis en place, (page 61). — Les
plants à barbe reprennent d'ailleurs plus facilement que les bouts de mariens.

Lorsqu'on reçoit des paquets de pieds enracinés
ou de branches, et qu'on ne les plante pas tout
de suite, on les met en jauge. Il faut desserrer
les paquets, et les étendre en couches peu épaisses
entre lesquelles on jette de la terre; de cette façon
les plants ne se dessèchent pas. — Si l'on arrachait
des plants à barbe avant que les feuilles fussent
tombées, il serait nécessaire d'effeuiller pour empêcher l'évaporation de la sève.

Quelquefois et le plus souvent on ne peut se
procurer de branches qu'à la fin de l'hiver, au
moment de la taille. Dans ce cas, au lieu de mettre
les branches en jauge, on peut, en attendant
qu'on les plante, les plonger dans l'eau par leur
extrémité inférieure, à la hauteur de 25 centimètres; une eau stagnante est préférable à une
eau vive.

PRÉPARATION DU TERRAIN.

Avant de planter on doit préparer le terrain
d'une manière convenable. Si l'on arrache d'anciennes vignes pour les remplacer par de nou-

velles, on enlève avec soin les vieilles racines ;
en même temps on défonce le sol à la profondeur
de deux fers de bêche, environ 30 centimètres.
M. Lanternier défonce à trois fers de bêche.
Il laisse ensuite reposer le terrain pendant une
année, et dans cet intervalle il le fait bêcher
une ou deux fois, dans l'intention de favoriser
les influences atmosphériques ; et enfin, avant
de planter, il répand de la terre neuve sur le
sol : ce sont là des dépenses considérables, mais
M. Lanternier en est bien récompensé, car il fait
une récolte presqu'entière à la troisième feuille.

Lorsqu'on opère un défoncement, on rejette
à la surface la terre de dessous. J'ai ouï dire qu'on
ne devait pas défoncer plus bas que la couche
de terre végétale ; cependant M. Thiva est d'avis
que la terre du fond mêlée dans la proportion
d'un tiers avec la terre végétale ne produit que
de bons effets.

En même temps qu'on défonce le terrain, on
le nivelle le mieux possible ; on comble les endroits creux pour empêcher les eaux de séjourner.
L'humidité des eaux stagnantes est funeste à la
vigne ; elle la rend plus sensible aux gelées d'hiver
et de printemps, et souvent elle la fait périr. Pour
faciliter l'écoulement des eaux, on peut disposer
le terrain en dos d'âne. On peut aussi pratiquer
des rigoles, ou mieux des *courses*. On appelle
courses dans notre pays, des fossés larges de 65

cent., profonds de 80 centim. au moins, et qu'on remplit de pierres à la hauteur de 45 centimètres; par-dessus les pierres on met un lit de mousse, et l'on achève de remplir avec de la terre. Les eaux s'écoulent à travers les pierres, en suivant la pente qui a été ménagée. Pour faciliter la fuite des eaux, on dispose en arête une partie des pierres du fond (fig. 1). Si l'on veut que les courses durent longtemps, il faut, selon M. Thiva, mettre sur le sol, au fond du fossé, un lit de pierres plates; sur ces pierres on établit deux petits murs, distants de 20 centim. et hauts de 15 centimètres environ : on recouvre ces petits murs avec des pierres plates et l'on achève le course comme il a été dit plus haut. — Les vignes plantées au-dessus des courses poussent à merveille. — A défaut de pierres, en peut employer des branches de vignes fraîchement coupées; on en fait de petits paquets que l'on serre les uns contre les autres.

CONFECTION DES TROUS. — MODE DE PLANTATION.

Lorsque le terrain a été bien préparé, on s'occupe de faire les trous, afin de procéder à la plantation; on fait les trous plus ou moins grands selon la force du replant. Aux environs de Metz on leur donne généralement 25 centimètres de profondeur, sur 35 de longueur et 25 de largeur. Si le terrain n'a pas été défoncé, au lieu d'un trou pour chaque pied, on fait des rigoles assez larges pour planter un rang de vignes de chaque côté. On jette à droite la terre de dessus, à gauche celle de dessous. Lorsque les vignes sont plantées, on recouvre leurs racines avec la terre de dessus, et l'on achève de remplir les rigoles avec la terre de dessous. De cette façon le sol est bien retourné; c'est le procédé de M. Dauphin.

Lorsqu'on plante des pieds de vigne enracinés, il est d'usage de raccourcir les racines à la longueur de quelques centimètres. Si les vignes étaient fraîchement arrachées, il y aurait avantage, selon M. Huot, à laisser les racines entières et à les étendre avec soin dans les trous. — On taille en pointe l'extrémité inférieure de la vigne, et on la pique verticalement dans le fond du trou: cette précaution est indispensable pour donner de la solidité à la plantation. On couche ensuite le cep dans une longueur d'environ 30 centimètres, et puis on le relève par le haut, comme l'indique la figure 2. — Si l'on plante de simples bouts de mariens, on les taille par le bas, au-dessous d'un nœud. Pour faciliter la sortie des racines, quelques personnes tordent la partie des branches qui doit être enfoncée en terre; il vaut mieux en enlever un peu d'écorce avec la serpette. On procède d'ailleurs pour la plantation des branches comme pour les pieds enracinés.

Il y a une manière plus simple de planter les

branches, c'est d'employer une pique en fer ayant 30 centim. de long et 1 centim. $\frac{1}{2}$ de diamètre. Après avoir fait un trou dans le sol, on y enfonce la branche dont on laisse sortir un ou deux boutons, et l'on resserre la terre autour. Selon M. Thiva, ce procédé ne convient pas pour des plantations sur place, et il ne doit être employé que pour former des pépinières de bouts de mariens.

DISTANCE A LAISSER ENTRE LES PIEDS DE VIGNE.

Dans beaucoup d'endroits, les ceps sont à 50 centimètres les uns des autres, et sur chaque cep on élève un sarment. Dans ce système, il y a 400 pieds de vigne par are, et par conséquent 1772 pour une *mouée* qui contient 4 ares 43 centiares. — J'ai vu, à Ancy, chez M. Collignon des rayons de vignes qui sont alternativement à 66 centimètres et à 33 centimètres. Dans le sens des rayons, les ceps sont à 50 centimètres, et par conséquent le nombre de ceps est encore de 400 par are. — M. Lanternier laisse un mètre d'intervalle entre les rayons, et dans les rayons les vignes sont à 50 centimètres. M. Lanternier, comme on le voit, a moitié moins de ceps, mais en revanche, il élève chaque année deux sarments sur chaque cep. — Dans le vignoble de Kontz, chez M. Limbourg, on peut voir des vignes plantées comme chez M. Lanternier, c'est-à-dire que les rayons sont à un mètre, que les

ceps sont à 50 centimètres dans les rayons, et
que sur chaque cep on élève deux sarments,
mais il y a cette différence que, chaque année, on
provigne un des deux sarments dans l'intervalle
des rayons, de sorte qu'au printemps le nombre
des vignes se trouve doublé, et porté à 400 par
are. A l'automne tous les sarments provignés sont
enlevés et vendus pour du replant.

Au lieu d'élever un ou deux sarments sur chaque cep, on en élève quelquefois jusqu'à sept et
huit : c'est ce qu'on appelle la culture en cuveau.
Dans ce système, les vignes sont plantées à un
mètre 33 centimètres en tous sens, ce qui donne
pour un are 56 pieds ¼ et 450 tiges, si chaque
vigne est garnie de huit sarments, et pour une
mouée 250 pieds de vigne et 2000 tiges. Lorsqu'on
plante les vignes à 1 mètre 33 centimètres, on a
la précaution de mettre deux pieds dans chaque
trou pour être plus sur du succès de la plantation.

Dans les calculs qui précèdent, nous avons
indiqué les distances des vignes en mesurant l'intervalle d'un rayon à l'autre; si l'on plantait en
quinconce, et que l'on calculât la distance du cep
d'un rayon au cep du rayon voisin, on pourrait,
dans le même espace, mettre un sixième de pieds
en plus.

Jusqu'à présent, nous avons toujours parlé de
vignes que l'on plante sur place, de manière à

en lignes droites espacées d'un mètre, et dans lesquelles le soleil pénètre d'autant mieux que les sarments sont rognés constamment à la hauteur des échalas. — Je dirai encore à l'avantage des vignes en ligne droite que la surveillance du maître s'y exerce facilement, tandis que les vignes plantées irrégulièrement sont des forêts inextricables dans lesquelles on ne peut guère pénétrer.

Lorsqu'on veut planter régulièrement, on commence par tracer, à l'aide d'échalas, des lignes droites que l'on a soin d'espacer également ; ensuite le long de ces échalas, on tend des cordeaux que l'on garnit de papillottes placées à la distance où doivent être les pieds de vigne. Au lieu de faire un trou pour chaque pied de vigne, on peut creuser des rigoles comme nous l'avons expliqué, page 43.

Et maintenant que je vous ai dit les détails de la plantation, mettez-vous à l'œuvre. Si vous avez de mauvaises vignes, arrachez-les et replantez-en de nouvelles. Aussi bien, quand on est propriétaire, c'est un devoir d'améliorer son domaine, et de chercher à obtenir du sol des produits abondants, afin que les objets diminuant de valeur soient à la portée d'un plus grand nombre. — Ne me dites pas que vos cheveux ont blanchi et que le courage vous manque ; sans doute on doit songer à la mort, car il faut s'y préparer, mais

3*

on doit aussi vivre toujours comme si l'on ne devait jamais mourir..... Et puis, pourquoi ne jouiriez-vous pas des récoltes de vos jeunes plantes? vous n'êtes pas de ceux, j'espère, contre qui a été prononcé le terrible anathème de l'écriture : « Vous planterez une vigne et vous n'en recueillerez pas les fruits. »

Allons, du courage; nous verrons encore de beaux jours : le printemps reviendra, les côteaux se couvriront de pampres verts, les fleurs de la vigne nous livreront leurs doux parfums, et nos celliers se rempliront encore du jus écumant de la grappe.

DIFFÉRENTS MODES D'ÉCHALASSEMENT.

ÉCHALAS. — MOYEN D'EN PROLONGER LA DURÉE.

La vigne est une plante disposée à ramper; et dans notre pays où les raisins pourrissent lorsqu'ils touchent le sol, il est nécessaire de soutenir les tiges : c'est le but qu'on se propose par l'échalassement.

En général on se sert de tuteurs en bois de chêne qu'on appelle échalas, ou *paisseaux*. — La botte de 80 échalas, de bois franc, hauts de 1 mètre 50 centimètres, coûte 2 francs à 2 francs 25 centimes. Dans une vigne plantée à 50 centimètres en tous sens, il faut 400 échalas pour un are. — Si l'on adopte le mode de plantation de M. Lanternier, il en faut moitié moins. — Dans une vigne cultivée en cuveau, le nombre d'échalas s'élève à 450. — Les échalas, dans la partie exposée à l'air, s'amincissent par la dessiccation; la partie enfoncée en terre pourrit par l'humidité. — On calcule que chaque année, pour l'entretien d'une vigne, il faut, par are, une vingtaine de paisseaux neufs.

Les échalas occasionnent une dépense considérable. On a cherché le moyen d'en prolonger la durée, et M. Lamy, d'Ars, y a parfaitement réussi, en goudronnant la partie inférieure des échalas. Depuis plusieurs années, j'emploie la méthode de M. Lamy, et je m'en trouve très-bien. — Voici comment on procède : dans une marmite en fonte, large de 50 centimètres et haute de 60 centimètres environ, on met fondre quatre parties de bitume de gaz et une partie de poix noire ou résine. Il est bien entendu qu'on ne remplit pas tout à fait la marmite. Quand le mélange est bouillant, on y plonge jusqu'à la hauteur de 30 centimètres la botte d'échalas, sans la délier; on l'y laisse pendant six minutes pour que le bois ait le temps de s'échauffer et de s'imprégner du bitume. On enlève ensuite la botte qu'on laisse égoutter pendant quelques secondes. Le feu doit être placé sous la marmite, et celle-ci doit être entourée d'un massif en maçonnerie, ou tout simplement d'un massif en terre et en pierres, de façon que la flamme, en circulant

autour de la marmite, ne puisse cependant pas
arriver jusqu'aux bords, parce qu'elle mettrait
le feu au bitume. Dans la prévision de cet acci-
dent, il faut avoir un couvercle en bois qu'on jette
sur la marmite, si par hasard elle prend feu. —
Le bitume de gaz coûte 15 francs les 100 kilogrammes et la poix coûte 70 centimes le kilogramme; la dépense par botte d'échalas s'élève
à 25 ou 30 centimes. — Les paisseaux goudronnés
s'enfoncent mieux, et s'arrachent plus facilement
que les autres, ce qui diminue la fatigue de l'ouvrier.

TREILLAGE EN FIL DE FER.

Par suite de la cherté toujours croissante du
bois de chêne, on a cherché à substituer le fil de
fer aux échalas. M. Dillon, de Pont-à-Mousson,
s'en sert depuis longtemps; et, d'après ce qui
m'a été dit, l'usage en est général aux environs
de Valence. C'est M. Collignon d'Ancy qui, le
premier dans notre département, s'est servi de
fil de fer; et, pour le tendre d'une façon convenable, il a inventé un petit instrument très-
ingénieux auquel il a donné le nom de *raidisseur*.
M. Collignon a publié un écrit auquel on pourra
avoir recours. Depuis quatre ans, j'emploie le fil
de fer, j'ai maintenant 80 ares échalassés de la
sorte, et je suis satisfait des résultats que j'ai
obtenus; j'ai agi d'ailleurs avec toute l'économie

et la simplicité possibles. — Je vais dire comment j'ai procédé. Le lecteur jettera un coup d'œil sur la figure 5; il se fera tout de suite une idée d'un treillage en fil de fer, et ensuite il comprendra mieux les explications.

La figure 5 représente un treillage long de 72 mètres, et haut de 75 centimètres. Les piquets a, b, c, sont en ligne droite. Les piquets b, c, sont à huit mètres les uns des autres. Les piquets b des extrémités sont un peu inclinés. Les piquets a qui se trouvent à chaque bout du treillage, à 50 centimètres des piquets b, ne dépassent le sol que de 25 centimètres. — Les piquets b, c, soutiennent deux fils de fer, le n.º 1 à 22 centimètres au-dessus du sol, et le n.º 2 à 65 centimètres. Les deux fils de fer sont attachés par leurs extrémités aux piquets a. — Au milieu de la ligne de fer, au point d, apparaissent les raidisseurs. — On voit le cep de vigne, en e, tel qu'il est après le palissage de printemps, et en f, tel qu'il est après le palissage d'été.

Voici maintenant des détails :

Nous avons représenté une ligne de fer longue de 72 mètres, mais on peut donner au treillage beaucoup plus d'étendue; j'ai des lignes qui ont près de 200 mètres.

Les piquets b, y compris la portion qui est en terre, ont une longueur d'un mètre 55 centim.; ils sont carrés, et leur côté est d'environ 6 cen-

timètres. J'ai choisi dans du bois de chêne destiné à être brûlé les plus belles bûches. On les
a fendues, et de cette façon j'ai obtenu des
piquets plus ou moins droits, plus ou moins carrés,
que l'on a un peu arrangés avec la serpe ; on a
eu soin d'enlever les écorces. Les piquets devant
être enfoncés en terre par le bout le plus gros afin
de durer plus longtemps, on les taille en pointe
de ce côté, mais le moins possible pour ne pas
ôter au bois une partie de sa force. On brûle les
piquets jusqu'à moitié de leur hauteur; cette
précaution est indispensable pour les garantir de
l'humidité et par suite de la pourriture. Au lieu
de brûler les piquets, on pourrait les tremper
dans le bitume, page 49 : cette opération est plus
longue et plus dispendieuse. — Les piquets c, qui
se trouvent entre les piquets b, sont de simples
paisseaux, goudronnés par le bas comme il a été
dit page 49. Les piquets a, plantés à chaque bout
de la ligne, sont de la grosseur des piquets b, et
longs de 70 centimètres au moins. On doit brûler
les piquets a presqu'en entier.

Pour mettre en ligne droite les piquets a, b,
c, on peut faire usage d'un cordeau, si l'on se
défie de son coup d'œil. — On enfonce les piquets
en terre au moyen d'une masse en bois; et, afin
de les enfoncer également, on porte avec soi
une mesure indiquant la hauteur que les piquets
doivent avoir hors de terre. Si le sol est trop

dur, on peut, pour les piquets *a* et *b*, préparer les trous à l'aide d'une pique en fer. En enfonçant les piquets *b* qui se trouvent aux extrémités, on a soin de les incliner un peu. Les piquets *a* qui supportent tout l'effort des fils de fer, doivent tenir fortement en terre. — Nous avons dit que les piquets *b*, *c*, doivent être placés à huit mètres les uns des autres. Lorsqu'il y a des ondulations dans le terrain, on est obligé de mettre un plus grand nombre de piquets, pour maintenir partout les fils de fer à la même élévation.

Tous les piquets étant enfoncés à la distance et à la profondeur convenables, il s'agit de mettre le fil de fer. J'ai employé d'abord le fil de fer ordinaire en le peignant au minium, mais ce n'est pas une économie : il faut prendre du fil de fer galvanisé. Je me sers du n.° 12 ; quelques personnes préfèrent le n.° 13 qui est un peu plus fort. Le fil de fer n.° 12 coûte 1 fr. 40 cent. le kilogr. et dans le kilogr. il y a une longueur de fil de fer de 69 mètres. — Les fils de fer sont soutenus par des clous après les piquets *a* et *b*, et par des attaches en fil de fer après les piquets *c*. Pour mettre les clous et les attaches à la hauteur convenable, on commence par faire sur les piquets *b*, *c*, deux traits à la craie l'un à 22 centimètres au-dessus du sol, l'autre à 65 centimètres. Sur les piquets *a* l'on fait un seul trait à la hauteur de 15 centimètres. — Cela terminé, sur les piquets *b*, et aux endroits marqués à la craie, on enfonce deux pointes de Paris, l'une au-dessus de l'autre, à $\frac{1}{2}$ centimètre de distance, pour que le fil de fer puisse glisser entre elles. — Sur les piquets *b* des extrémités, et sur les piquets *a*, on ne met qu'une seule pointe de Paris, mais de forte dimension.

Ces préparatifs étant faits, il s'agit de tendre le fil de fer. Deux ouvriers sont nécessaires pour ce travail. Un ouvrier prend sur son épaule la botte de fil de fer, et après que le bout du fil a été trouvé, on l'attache par un anneau (fig. 3, n.º 1) au clou du piquet *a*; et à mesure que l'ouvrier qui porte la botte, s'avance en la déroulant avec soin pour ne pas la mêler, l'ouvrier qui suit et qui a les mains garnies de gants, redresse le fil de fer, il le pose sur les clous destinés à le supporter, et à l'aide d'un marteau, il rapproche les têtes des clous pour que le fil ne puisse s'échapper. — Quand on est arrivé à l'extrémité de la ligne, les deux ouvriers, saisissant ensemble le fil de fer, le tendent fortement; et, pendant qu'un des ouvriers le tient tendu, l'autre le coupe à la longueur convenable et il l'attache encore à l'aide d'un anneau, au clou du piquet *a'*. — Après avoir terminé la ligne du bas, on fait celle du haut en procédant de la même manière. Les deux lignes de fer s'attachent, au même clou, après les piquets *a*.

avoir tout de suite le nombre de pieds que comporte le terrain : cette méthode est la préférable. Il y a cependant des propriétaires qui commencent par planter à des distances plus ou moins considérables, et qui, après avoir cultivé les vignes en cuveau pendant plusieurs années, les provignent en répandant les ceps çà et là le plus également possible.

AVANTAGE DES PLANTATIONS EN LIGNE DROITE.

Quelle que soit la distance à laisser entre les vignes, on fera bien de les planter en ligne droite. Dans les vignes plantées de cette manière, tous les travaux se font plus commodément. Si des ceps de vigne ont péri, on s'en aperçoit tout de suite; et l'on peut les remplacer sans avoir autant à craindre qu'ils soient écrasés sous les pieds, ou qu'ils ne reprennent pas faute de lumière. D'un autre côté, chaque cep a l'espace de terrain auquel il a droit. L'air circule mieux ; le bois mûrit plus vite, et par suite il est moins exposé à la gelée d'hiver. J'ai ouï prétendre que sous les dômes de verdure que l'on remarque dans les vignes plantées sans ordre, le raisin mûrissait plus vite; je ne ferai pas de raisonnements, mais je dirai, qu'en 1847 et en 1848, j'ai visité à la même époque les vignes de Guentrange et de Scy, et j'ai trouvé les raisins d'une maturité plus égale dans les vignes de Guentrange, qui sont plantées

Le fil de fer étant attaché après les piquets *a*
t *b*, il reste à le fixer aux piquets *c*. Ceux-ci
jui ne sont que des échalas, étant trop faibles
our supporter des clous, je me sers d'attaches
n fil de fer. Je coupe par petits morceaux, à la
ongueur de 20 centimètres, du fil de fer galvanisé
1.º 12. Je le plie par le milieu sur le fil de fer
lu treillage; et, après avoir formé un petit anneau (fig. 3, n.º 2), j'entoure le paisseau avec les
leux bouts de l'attache, et je les tords ensemble
à l'aide d'une tenaille. Quand l'attache est fixée
solidement, et à la hauteur qui a été marquée
à la craie, je redresse verticalement le petit anneau pour que le fil de fer du treillage puisse glisser
acilement dedans. Avec un peu d'adresse ces
attaches se placent très-vite.

Les fils de fer s'allongent par l'effet de l'air
et par la pression du vent sur le feuillage des
vignes; il est indispensable de le retendre au printemps de chaque année : c'est pour faciliter cette
opération que M. Collignon d'Ancy a inventé le
raidisseur. Cet instrument (fig. 3, n.º 3) est disposé
de telle sorte qu'à l'aide d'une clef, l'on enroule
la quantité de fil de fer suffisante pour obtenir
une tension convenable. Il m'a été affirmé qu'un
raidisseur de 20 centimes suffisait pour une ligne
d'au moins 200 mètres. Le raidisseur doit être
placé au milieu de la ligne, et on le fait glisser
le long du fil de fer, au moment où l'on place
les treillages.

Si l'on ne fait pas usage de raidisseurs, voici comment on peut retendre le fil de fer. Au mois de mars, on détache les fils de fer par un bout, ce qui est facile puisqu'ils ne tiennent que par un anneau au clou des piquets *a*. On défait l'anneau, et pour retendre le fil de fer, on procède comme on avait fait pour le tendre la première fois : c'est une petite main-d'œuvre. — Avant de retendre les fils de fer, il faut visiter les treillages, voir s'il ne manque ni clous ni attaches, et replacer les piquets qui ont pu être dérangés.

J'ai cru devoir entrer dans quelques détails relativement à l'organisation des treillages en fil de fer*. — A la page 83, on trouvera des renseignements sur la culture des vignes qui sont échalassées de cette manière.

* On pourra se procurer chez MM. Thiry, serruriers-mécaniciens à Metz, des raidisseurs de différents prix, des clous à crochets remplaçant avec avantage les pointes de Paris, et tout ce qui est nécessaire pour l'établissement de treillages en fil de fer.

CHAPITRE II.

CULTURE DE LA VIGNE.—DESCRIPTION DE LA VIGNE.
PROCÉDÉS DE MULTIPLICATION. ACCIDENTS AUX-
QUELS CETTE PLANTE EST EXPOSÉE. SOINS A
DONNER AUX JEUNES PLANTATIONS. OPÉRATIONS
DIVERSES COMPOSANT LA CULTURE DES VIGNES EN
RAPPORT. MÉTHODES DE CULTURE PARTICULIÈRES.

CULTURE DE LA VIGNE.

Je vais tâcher d'exposer la culture de la vigne
telle qu'elle est pratiquée aux environs de Metz;
elle se compose de beaucoup d'opérations dont
quelques-unes sont longues et minutieuses. Ce
n'est pas par plaisir que les hommes ont ainsi
compliqué leurs travaux, et l'on peut croire que
chez nous la culture de la vigne est arrivée à une
assez grande perfection : sans doute, il faut toujours chercher à mieux faire, mais, comme l'a
dit Virgile, on ne doit pas dédaigner les cou-
tumes locales, les pratiques des anciens :

.... .Prædiscere.. .
Cura sit... patrios cultusque habitusque locorum.

Avant d'arriver aux détails, je crois devoir
dire quelques mots du mode de végétation de

la vigne, de ses moyens de reproduction, et des accidents auxquels elle est exposée.

DESCRIPTION DE LA VIGNE.

La vigne a des racines pivotantes et des racines traçantes, ce qui lui permet de végéter dans des sols très-différents. — Les branches ou sarments sont garnis de boutons qui sont très-saillants et qu'on appelle *nœuds*. Les boutons sont plus ou moins écartés selon l'espèce des raisins, et selon la vigueur de la végétation. Les boutons sont à la fois boutons à bois et à fruit, c'est-à-dire qu'ils produisent des branches et des raisins. Les boutons ne donnent pas tous des fruits. Lorsque les boutons sont bien arrondis, on en augure une bonne récolte pour l'année suivante. Chaque bouton est garni de deux sous-yeux destinés à le remplacer en cas d'accidents. Les sous-yeux, de même que les boutons qui sortent du vieux bois, donnent rarement du raisin, si ce n'est cependant chez certaines espèces de vignes très-fécondes, telle par exemple que l'Éricé de Bourgogne. — Lorsque les boutons sont développés et devenus des bourgeons, les raisins se montrent à leur base sur les deux ou trois premières feuilles. A l'opposite des feuilles, on remarque les vrilles à l'aide desquelles la vigne s'attache aux objets qui l'entourent. Dans les aisselles des feuilles, on aperçoit de petites pousses que l'on appelle entre-feuilles.

PROCÉDÉS DE MULTIPLICATION.

La vigne se multiplie de différentes manières par semis, greffe, marcotte et bouture.

Semis. — On n'emploie presque jamais la voie du semis : c'est un moyen d'obtenir des variétés nouvelles, mais les résultats sont lents et incertains. C'est sans doute à l'aide de semis soit naturels, soit de main d'hommes, que se sont produits les raisins nouveaux que l'on voit apparaître de temps en temps. Lorsqu'on veut faire des semis, il faut récolter les graines sur des vignes de choix, et les semer au printemps dans une terre légère sans les recouvrir beaucoup.

Greffe. — La multiplication par la greffe n'est guère en usage dans le département de la Moselle. On pourrait s'en servir avec avantage pour changer l'espèce des raisins d'une vigne. La greffe en fente est la seule pratiquée, et voici comment on procède : Au mois d'avril, lorsque la séve est en mouvement, on découvre les souches des vignes que l'on veut greffer, et on les recepe à quelques centimètres au-dessous du sol. On fend ensuite le sujet, et l'on y introduit la greffe que l'on a préalablement taillée en coin très-allongé. La vigne n'ayant ni liber ni couches corticales, il n'est pas nécessaire que les écorces coïncident. Pour maintenir la greffe, on entoure le sujet soit avec de l'osier, soit avec du chanvre. On recouvre

ensuite les souches de terre, afin que le bois
ne se dessèche pas : on ne laisse à la greffe qu'un
ou deux boutons au-dessus du sol. — M. Thiva
m'a indiqué une modification à la greffe en fente.
Au lieu d'introduire la greffe dans le sujet, il la
pique assez profondément en terre auprès du
cep, et ensuite il la fait passer à travers le sujet
qui a été fendu comme il a été dit plus haut.
Selon M. Thiva, ce système présente cet avantage que la greffe tire du sol une certaine humidité qui facilite la reprise. — Au lieu de receper
la vigne en terre, on préfère quelquefois greffer
à une certaine hauteur au-dessus du sol, et
ensuite on provigne le sujet, ainsi que la greffe
dont on laisse sortir un ou deux boutons. —
Les branches destinées à la greffe, doivent être
coupées de bonne heure, à la fin de janvier ou
au commencement de février; et, pour retarder
leur végétation, on les enterre au nord contre
un mur.

Marcottage. — C'est le moyen dont on se sert
en général pour se procurer des replants enracinés. Il consiste à courber les branches d'un cep,
et à les coucher en terre à la profondeur de 10
à 15 centimètres et sur une longueur d'environ
30 centimètres; on taille les branches court, sur
deux ou trois boutons. Les marcottes se font au
printemps; à l'automne les branches ont pris
racine, et l'on peut les enlever. Les marcottes

puisent les ceps et l'on ne doit en faire que dans les vignes très-vigoureuses. — Le provignage dont nous parlerons à la page 74 est une sorte de marcottage.

Bouture. — Ce genre de multiplication est très-employé. Les boutures se font à l'automne ou au printemps. — On choisit des branches dont le bois soit bien mûr; on les coupe à la longueur convenable, et après les avoir préparées comme nous l'avons dit à la page 43, on les pique en terre à la profondeur de 30 centimètres environ. Tantôt on plante les boutures en place, tantôt on les met en pépinière. Dans ce dernier cas, il faut planter les boutures dans un bon terrain, à 8 centimètres l'une de l'autre et en lignes espacées de 20 centimètres. Au bout de deux ans les branches ont pris suffisamment racine, et peuvent être transplantées.

ACCIDENTS AUXQUELS LA VIGNE EST EXPOSÉE.

Les produits de la vigne sont exposés à beaucoup d'accidents; nous allons indiquer les principaux.

Gelée d'hiver. — Lorsque le froid descend à 5 degrés au-dessous de zéro, les boutons de la vigne courent le risque d'être gelés, surtout si les branches sont humides. Le bois lui-même quand il n'est pas bien mûr, peut être atteint, et le mal va quelquefois jusqu'à faire périr les souches;

ce dernier cas est heureusement très-rare. La gelée d'hiver occasionne des dégâts plus considérables dans les terrains humides, et l'on doit faciliter le plus possible l'écoulement des eaux.

Gelée de printemps. — Dans le courant du mois de mai, il y a presque tous les ans des nuits très-froides ; et, s'il arrive que le soleil se montre dès le matin, les bourgeons peuvent être détruits : la chaleur, en dégelant subitement les jeunes pousses qui sont encore très-tendres, désorganise les tissus végétaux. On redoute davantage la gelée de printemps, lorsque les vignes sont exposées au levant ou au midi, lorsque la végétation est précoce, lorsque les bourgeons sont couverts d'humidité, lorsque le sol est naturellement humide ou lorsqu'il a été fraîchement remué. Il est prudent de planter dans les basfonds des variétés de raisins résistant aux atteintes de la gelée, page 32 ; de pratiquer des fossés ou des courses pour dessécher le terrain, page 41 ; de ne pas tailler avant l'hiver, dans la crainte de hâter la végétation, page 65, et de ne houler au mois de mai qu'au moment où le froid n'est plus à craindre, page 70.

Coulure des fleurs. — Lorsque, par suite du mauvais temps, la végétation de la vigne est languissante, la fécondation des fleurs s'opère mal, et alors a lieu la coulure. Les vignes qui sont d'une nature délicate, comme le petit noir, coulent facilement ; il y a des espèces fertiles qui ne coulent jamais, par exemple l'Éricé de Bourgogne et la feuille-blanche.

Brûlure des feuilles. — On dit que les feuilles brûlent lorsque, par l'effet de coups de soleil trop ardents succédant au froid ou à l'humidité, les feuilles rougissent en tout ou en partie. Plus il y a de feuilles brûlées, et plus la végétation souffre, car les plantes vivent beaucoup par les feuilles. Si la brûlure arrive avant le nettoiement, p. 72, on conserve des entre-feuilles. On pourrait diminuer le danger de la brûlure, en ébourgeonnant à la manière de M. Lanternier, page 80. Les vignes vigoureuses sont peu exposées à la brûlure.

Grêle. — La grêle est un fléau terrible dont les effets sont plus ou moins désastreux. Le mal est à son comble, lorsque les feuilles et les raisins sont complètement déchirés, et que les sarments ont leur écorce abimée par les grelons. Les raisins grêlés produisent de mauvais vin. — Il y a des endroits plus exposés que d'autres à la grêle.

Ver de la vigne. — On désigne dans les livres sous le nom de *Teigne de la vigne*, un ver qui niche dans la grappe, pénètre dans l'intérieur des grains et se nourrit de la pulpe. Ce ver cause chez nous des pertes assez considérables, lorsque la végétation est languissante, soit par suite de la température, soit par suite du mauvais état

4

des vignes. Il appartient aux vignerons d'amoindrir le mal, en débarrassant les raisins de cet insecte, à l'époque du nettoiement, page 72. Il ne faut pas confondre la teigne de la vigne avec la Pirale dont je ne dirai rien, par le motif que je ne la connais pas. Je ne parlerai pas non plus des coupe-bourgeons ou Gribouris, dont les dégâts sont peu importants.

Telles sont dans notre contrée les causes principales de destruction pour les produits de la vigne. Nous allons maintenant parler des soins à donner aux jeunes plantations ; nous parlerons ensuite de la culture des vignes en rapport.

SOINS A DONNER AUX JEUNES PLANTATIONS.

Nous avons dit que les vignes doivent de préférence être plantées à l'automne. On attend jusqu'au printemps pour les tailler ; alors on rabat les branches très-court sur un ou deux boutons. On laisse ensuite pousser la vigne sans y toucher ; on houle le terrain trois, quatre ou cinq fois pour détruire les mauvaises herbes et pour maintenir la terre meuble.

Pendant la deuxième année, on procède comme on a fait pendant la première, si ce n'est qu'on ne taille pas la vigne ; on prétend qu'en laissant les ceps garnis de toutes leurs petites branches, les racines se multiplient.

Au printemps de la troisième année, on rabat

excessivement court les petites branches qui ont poussé sur les ceps. On répand sur le sol du fumier bien consommé, et l'on bêche sans enfoncer le fer trop profondément. On garnit ensuite la vigne d'échalas; car, dans cette troisième année, l'on doit obtenir des sarments vigoureux qui seront nettoyés, page 72, et attachés en temps utile, page 73. — Au lieu de rabattre très-court les petites branches qui ont poussé sur les ceps, il y a des personnes qui préfèrent receper le cep lui-même presque rez terre; de cette façon on obtient des branches qui sortent de terre, et les vignes sont plus longtemps jeunes. — M. Lanternier a une façon particulière de cultiver les jeunes plantations; nous l'indiquerons, page 80.

CULTURE DES VIGNES EN RAPPORT.

La culture des vignes qui sont en rapport se compose des opérations suivantes : tailler, — bêcher, — échalasser, — attacher, courber, — houler, — ébourgeonner, pincer, — 2.ᵉ houler, — nettoyer, — relever, — 3.ᵉ houler, — 4.ᵉ houler, — vendanger, — déchalasser, — provigner, remplacer, — fumer.

Tailler la vigne.

La taille de la vigne se fait ordinairement lorsque les grands froids sont passés, à la fin de janvier ou dans le mois de février. Si l'on taille avant l'hiver, le bouton de l'extrémité des sarments est exposé à périr ; et d'un autre côté, les vignes taillées à l'automne poussent plus tôt que les autres, et sont par conséquent plus sujettes aux gelées de printemps.

Pour tailler, on fait usage d'une serpette bien affilée. Il est bon de porter avec soi une petite scie pour scier les fortes branches qu'on ne pourrait pas couper avec la serpette. — On ne place jamais la taille juste au-dessus d'un bouton, le bouton se dessécherait ; il faut laisser au-dessus du bouton deux ou trois centim. de bois. Au moment de la taille on supprime jusqu'à leur base les branches a, (fig. 4, n.ºs 1 et 2), qui ont produit des raisins l'année précédente, et l'on raccourcit à la longueur convenable les sarments ou mariens b qu'on a laissés pousser au bas des branches a. On taille les sarments b plus ou moins long selon leur force et selon la fécondité de la vigne. En taillant long, on obtient un plus grand nombre de raisins, mais alors les raisins sont plus petits et ils mûrissent moins bien. Il faut dire aussi qu'en taillant long, on épuise les ceps, et on nuit à la récolte de l'année suivante. On ne peut guère donner de règles sur la longueur à laisser aux branches ; nous dirons cependant que les petites espèces de raisins, telles que le petit noir, l'Auxerrois et le Pinaud, peuvent être taillées sur quatre ou cinq boutons, non compris celui qui est à la base des branches. On laisse quelques boutons de plus si l'on est dans l'usage de courber. Quant aux espèces de raisins très-fertiles et qu'on ne courbe pas, telles que le Simoro et l'Éricé de Bourgogne, on les taille sur trois ou quatre boutons.

Bêcher la vigne.

Aux environs de Metz, on commence à labourer les vignes au mois de février, et l'on termine ordinairement en mars. On n'aime pas les labours avant l'hiver, parce que la terre se trouve tassée au printemps. — La bêche est l'instrument en usage. Lorsque les vignes sont peu enfoncées, on emploie des bêches de petite dimension de manière à ne pas offenser les souches avec le fer. — On ne doit pas bêcher lorsqu'il est tombé de la neige ou du verglas, et lorsque le sol est trop mouillé. — Il faut retourner la terre avec soin, et ne pas faire de grosses mottes ; plus la terre est divisée, plus elle profite des influences atmosphériques. Lorsque les vignes sont jeunes, il pousse des racines au collet des ceps ; il convient de les couper en bêchant, car ces racines nuiraient au développement des racines inférieures, et d'un autre côté elles gêneraient plus tard lors du provignage. La plupart des vignes étant situées sur des côteaux, on bêche soit à la descente, soit à la montée. Bêcher à la montée,

4*

c'est jeter la terre vers la partie la plus élevée de la vigne ; bêcher à la descente, c'est jeter la terre vers la partie la plus basse. Les terres étant disposées à descendre, il serait mieux de bêcher toujours à la montée, mais c'est une opération plus longue. Il faut dire aussi qu'en bêchant à la montée, le sol est retourné plus complétement.

Échalasser la vigne

Aussitôt que les vignes sont labourées, on s'empresse d'échalasser, surtout lorsque les hâles font craindre que la terre ne se durcisse. L'échalassement est un travail fatigant et que les hommes seuls peuvent exécuter. Les paisseaux doivent être enfoncés en terre à la profondeur de 20 à 25 centimètres, de manière à soutenir les ceps et à résister aux vents. Si la terre est trop dure, on prépare les trous avec une pique en fer, ou bien l'on fend le sol avec la bêche. On commence à échalasser par le haut de la vigne. Lorsque les vignes sont cultivées en cep, on plante l'échalas tout près du cep, à quelques centimètres au-dessus. — Lorsque les vignes sont cultivées en cuveau, on plante les paisseaux en cercle autour du pied de vigne, et l'on agrandit le cercle à mesure que les ceps s'allongent par l'effet des tailles successives. On doit échalasser avant que les boutons aient commencé à grossir, car alors le moindre choc pourrait les faire tomber.

Attacher et courber la vigne.

Pendant que les hommes plantent les échalas, les femmes attachent les vignes après les paisseaux à l'aide de liens de paille. On fait usage de paille de blé ou de seigle que l'on prépare pendant l'hiver en petites bottes longues de 35 centimètres. On mouille la paille au moment de s'en servir ; il faut deux ou trois brins de paille pour un lien. Lorsqu'on courbe la vigne, on attache le cep et la courbe avec le même lien après l'échalas (fig. 4 , n.º 1). On fait avec la paille un tour à l'extrémité du marien ; on courbe ensuite le marien, et l'appliquant contre le cep, on attache le tout après l'échalas. — Les opinions sont divisées sur les effets de la courbure. Les partisans de ce système disent que la courbure a l'avantage de rapprocher les raisins du sol , et de forcer la sève à se jeter avec plus de force dans les bourgeons de remplacement. Ils ajoutent que, pour courber, il faut tailler plus long, et qu'on a par conséquent plus de chances d'avoir une récolte abondante. — Les adversaires de la courbure prétendent que, même en taillant court, on a encore assez de raisins , et que les raisins, lorsqu'ils sont moins nombreux , deviennent plus beaux et mûrissent mieux. — On reconnaît toutefois que les courbes conviennent pour des vignes d'une végétation vigoureuse.

Houler la vigne.

Lorsqu'on a fini d'attacher les vignes, on s'occupe de les houler. Cette opération a lieu ordinairement dans les premiers jours du mois de mai. Pour houler, on fait usage du racloir ; et, si la terre est très-dure, on emploie le racloir à tête. En même temps qu'on détruit les mauvaises herbes, on bouche les crevasses qui ont pu se former dans le sol. Le houler est extrêmement favorable à la vigne : quand la terre est meuble, la plante profite mieux des influences atmosphériques, et ne souffre pas autant de la sécheresse. Le houler le meilleur est celui qui est fait pendant la sécheresse. On ne doit pas houler lorsqu'il pleut, car on ne ferait que déplacer les mauvaises herbes. S'il fait froid, comme cela arrive souvent au commencement de mai, il ne faut pas remuer la terre, ce serait exposer la vigne à la gelée.

Ébourgeonner et pincer la vigne.

L'ébourgeonnement et le pincement sont deux opérations d'une grande importance et qu'on fait en même temps. Elles ont lieu au commencement du mois de mai, aussitôt que la végétation est assez avancée pour qu'on puisse distinguer les raisins sur la plupart des bourgeons. Les bourgeons ont alors quelques centimètres de longueur.

On doit ébourgeonner et pincer le plus tôt possible ; les plaies sont moins fortes, et il y a moins de sève perdue.

Par l'ébourgeonnement on supprime les bourgeons superflus. Par le pincement on arrête le développement des bourgeons qui ne doivent produire que des raisins, de façon à concentrer la sève dans les fruits.

Lorsqu'on ébourgeonne, on conserve sur chaque cep un bourgeon vigoureux, et le plus près de terre possible : ce bourgeon qu'on appelle le *marien* est destiné à former la tige et à produire les fruits l'année suivante. — Parmi les autres bourgeons on supprime ceux qui n'ont pas de raisins ; on supprime même une partie des bourgeons ayant des raisins, s'il y a trop grande abondance de fruits. — Lors de l'ébourgeonnement, il y a un certain nombre de bourgeons qui sont peu avancés, et dont par conséquent les raisins ne sont pas visibles ; pour y toucher, on attendra qu'ils soient assez développés : cela s'appelle *recourir*. — Lorsque les vignes ont été gelées ou recepées, et qu'il a poussé des bourgeons sur la souche, ces bourgeons qui sortent du vieux bois, se cassent facilement par le vent ; et dans ce cas, il est prudent de conserver deux mariens au lieu d'un seul.

En même temps qu'on ébourgeonne, on pince avec l'ongle tous les bourgeons conservés, à l'ex-

ception des bourgeons–mariens qu'on laisse dans
leur entier. Le pincement se fait immédiatement
au–dessus des raisins; c'est ordinairement sur la
troisième feuille. On donne le nom de crampons
aux bourgeons qui ont été pincés et qui ne sont
destinés à produire que du fruit.

Deuxième houler.

Après que les vignes ont été ébourgeonnées et
pincées, on donne le deuxième houler. C'est
ordinairement à la fin de mai ou dans les premiers
jours de juin.

Nettoyer la vigne.

Le nettoiement commencevers le 10 juin. Voici
l'aspect que présentent alors les vignes. Les bourgeons-mariens qui traînent çà et là sur le sol,
ont un mètre et plus de longueur. Les bourgeons-
crampons se sont allongés et ont 12 à 15 centimètres de longueur. Les mariens et les crampons
ont leurs entre-feuilles développées, et d'un autre
côté, le bouton de l'extrémité des crampons a
crevé, et a donné naissance à un bourgeon qui
a quelques centimètres de longueur.

Le nettoiement consiste à enlever les vrilles, les
entre-feuilles des mariens et des crampons, et
à casser net, à sa base, le bourgeon qui a poussé
au bout des crampons. On supprime aussi les
rejets qui ont poussé depuis l'ébourgeonnement.

— En même temps on pince l'extrémité des ma-
iens, dont on coupe avec l'ongle quelques cen-
imètres ; on prétend que cela fortifie les mariens.

Il est d'usage de commencer le nettoiement de
rès-bonne heure et aussitôt que les vignes com-
oencent à fleurir. Si l'on attend trop tard, les bour-
eons, les entre-feuilles et les vrilles sont devenus
urs ; et alors, on déchire le bois de la vigne et l'on
'expose à nuire beaucoup aux raisins. Lorsqu'on
ait le nettoiement en temps propice, les vrilles
e coupent facilement avec l'ongle, les entre-
euilles tombent sous la pression du doigt, et le
ourgeon de l'extrémité des crampons éclate
acilement à la base.

Si l'on écoutait la théorie, on serait disposé
. blâmer le nettoiement qui vient déranger la
narche de la sève dans le moment si important de
a fécondation ; la pratique ne semble pas justifier
es inquiétudes, et l'on s'accorde à dire que les
ignes sont moins belles, lorsqu'elles sont net-
oyées tard et après que la fleur est complète-
nent passée. En même temps qu'on nettoie, l'on
ait tomber les vers qui se trouvent sur les grappes
e raisin.

Relever la vigne.

Au commencement de juillet, lorsque le net-
oiement est terminé, on relève les mariens et
n les attache aux paisseaux à l'aide de liens de

paille. On met ordinairement deux liens, rarement trois; quelquefois un seul lien suffit.

3.e et 4.e houler.

Aussitôt que les vignes ont été relevées, vers le milieu de juillet, on donne le 3.e houler. Le 4.e houler a lieu sur la fin du mois d'août et quelquefois au commencement de septembre. Nous rappelons que les vignes doivent toujours être nettes de mauvaises herbes : c'est un point sur lequel on ne saurait trop insister.

Vendanger la vigne.

Voyez chapitre III.

Déchalasser la vigne.

Les paisseaux pourrissent en terre et l'on doit déchalasser le plus tôt possible, dans les premiers jours de novembre. Après avoir arraché les paisseaux, l'on en fait des tas qu'on appelle *mouées*.

Provigner la vigne.

Le but qu'on se propose par le provignage c'est de rajeunir la vigne en lui faisant prendre de nouvelles racines, et en rapprochant de terre la partie du cep qui produit du fruit. Cette opération doit être faite avec beaucoup de soin.

On provigne en automne aussitôt après la chûte des feuilles : on peut aussi provigner au printemps, mais il ne faut pas attendre que les boutons soient déjà gonflés par la sève. On ne doit pas provigner quand il pleut, quand il y a de la neige sur terre et quand les sarments sont couverts de givre.

Avant de provigner on taille les vignes comme nous l'avons dit, page 65; seulement on laisse aux mariens beaucoup plus de longueur. Cela fait, on ouvre, au-dessus du cep à provigner, une jauge profonde de 25 centimètres environ; et puis, déterrant tout-à-fait le pied de vigne, on couche dans la jauge tout le vieux bois et une partie du marien dont on laisse sortir deux ou trois boutons. Les souches doivent être enterrées assez profondément pour n'être pas atteintes, lors du labour, par le fer de la bêche. Si, par suite d'un provignage précédent, il existe déjà dans le sol d'anciennes souches, il faut passer à côté et quelquefois même passer par dessous. On doit tâcher d'espacer régulièrement les ceps. Il est facile de provigner en ligne droite; une fois les lignes tracées à l'aide d'échalas, les ouvriers n'ont plus qu'à tendre des cordeaux le long de ces échalas.

L'année qui précède le provignage, il est bon de fumer la vigne que l'on veut provigner; on obtient de cette manière des mariens vigoureux, et l'on a une récolte abondante l'année même du provignage. — Les vignes cultivées en cep se

5

provignent tous les sept ou huit ans; les vignes cultivées en cuveau se provignent moins souvent. Il faut, au reste, avoir égard à la nature du sol et à l'espèce des raisins.

A force d'être provignées, les vignes se remplissent de souches qui forment comme un réseau dans la terre. Après deux ans de provignage, et lorsque les branches couchées en terre ont pris des racines assez fortes, on pourrait enlever les vieilles souches. Cette opération, dont M. Thiva a reconnu les bons effets, demande du temps et de l'attention. Il faut, après avoir coupé la vieille souche, tailler en pointe avec la serpette l'extrémité de la nouvelle souche, de manière à pouvoir repiquer celle-ci dans le sol afin de donner de la solidité au cep.

On a indiqué un mode de provignage qui paraît très-séduisant au premier abord. Il consiste à courber les branches des ceps et à les piquer en terre par leur extrémité, à la profondeur d'environ 25 centimètres (fig. 5); et, quand cette extrémité a pris racine, on sépare les branches de leur tige. On arrache ensuite les vieux pieds, et la vigne se trouve renouvelée. — Ce procédé que j'ai essayé, il y a déjà très-longtemps, ne m'a pas réussi, et je ne connais personne qui ait été plus heureux que moi.

Remplacer. — Lorsque des ceps ont péri çà et là dans une vigne, voici comment on peut les remplacer : on élève des mariens en plus sur les pieds de vigne voisins des endroits dégarnis, et puis on provigne comme nous l'avons indiqué plus haut.—Il y a un autre moyen dont M. Lamy, d'Ars, se sert avec avantage depuis longues années. Ce procédé est très-simple. Pour regarnir les places vides, on y amène les branches des ceps les plus voisins, que l'on courbe comme si l'on voulait faire des marcottes (fig. 6, n.° 1) : on a soin de les enfoncer en terre à la profondeur d'au moins 25 centimètres. Deux ans après, on sépare les marcottes de leur tige, et de la sorte on obtient des ceps en plus qu'on laisse sur place ; il faut seulement enfoncer en terre l'extrémité inférieure de ces marcottes et piquer le bout dans le fond du sol, toujours pour donner de la solidité au cep (fig. 6, n.° 2).

Lorsqu'on veut remplacer des ceps qui manquent, soit à l'aide du provignage ordinaire, soit à l'aide du provignage de M. Lamy, il est souvent indispensable, pour avoir des sarments vigoureux propres à être provignés, de fumer les pieds de vigne destinés à fournir les sarments.

Fumer la vigne.

Il est nécessaire d'amender les vignes de temps en temps, si l'on veut obtenir des récoltes abondantes. Les engrais dont on se sert communément sont la terre et le fumier.

Fumier. — Les fumiers les plus employés sont ceux de vache et de cheval. Le fumier de vache qui est gras et humide, convient pour les terres légères ; le fumier de cheval qui est plus sec, convient pour les terres fortes. — On peut employer le fumier lorsqu'il est frais ou lorsqu'il est pourri. Le fumier frais dure plus longtemps ; mais, selon M. de Chazelles, le contact du fumier qui n'est pas pourri, est dangereux pour les racines de la vigne. — Le fumier de cheval, pour arriver à l'état de décomposition convenable, a besoin de subir une fermentation ; si l'on s'aperçoit qu'il moisisse au lieu de pourrir, il faut le retourner et l'étendre en couches peu épaisses pour que la pluie le pénètre ; on l'arrose au besoin. Une excellente chose, lorsque le fumier fermente, c'est de répandre sur le tas une légère couche de plâtre, pour absorber les gaz qui se dégagent dans l'air. On doit veiller aussi à la conservation des eaux de fumier, qu'on laisse perdre trop souvent.

En général on fait porter le fumier dans les vignes très-peu de temps avant le labour. On profite des gelées qui surviennent à la fin de janvier et dans le cours de février. Ce transport s'opère à l'aide de hottes. — Il y a des personnes qui préfèrent transporter le fumier en été, au mois de juillet. On fait ce travail pendant la sécheresse afin de ne pas piétiner les vignes, et on répand le fumier sur le sol, lorsque le temps se met à la pluie; les vignes ne tardent pas à profiter de l'engrais. Ce procédé qui est celui de M. de Chazelles, convient pour les terres chaudes; le fumier répandu sur le sol y maintient une certaine humidité favorable à la végétation. — Il ne faut pas mettre trop de fumier dans les vignes; le bois deviendrait trop gros et trop moelleux, il pousserait trop tard, mûrirait mal et serait sujet à la gelée d'hiver. D'un autre côté, les raisins pourriraient et le vin serait exposé à la graisse. M. Lanternier ne met pas de fumier pur dans ses vignes; il ne l'emploie que mélangé avec de la terre.

Terre. — La terre est, de l'avis de tout le monde, l'engrais qui convient le mieux aux vignes; c'est aussi celui qui dure le plus longtemps. C'est la terre que M. Lanternier préconise par-dessus tout; il indique aussi comme produisant d'excellents effets, les plâtras, les décombres moulus et les sables gras qu'on enlève sous les pavés des villes. — Les terres qu'on peut se procurer, ne sont pas toutes d'égale qualité, mais les moins bonnes ne laissent pas de produire encore un certain résultat. — Les boues de route qui n'ont rien de fertilisant, peuvent être utiles dans un terrain compacte, pour le diviser et le rendre plus perméable aux racines de la vigne. — Les terres qu'on extrait de l'eau, ont besoin de rester exposées à l'air pendant quelque temps avant d'être employées.

A côté des terres et des fumiers de différentes espèces, on peut encore employer comme engrais une foule de débris animaux ou végétaux, les débris de laine et de corne, les marcs de raisins, les cendres, etc.

Dans les pages qui précèdent, j'ai indiqué la méthode de culture la plus ordinaire aux environs de Metz; il me reste à parler de quelques modes particuliers.

MÉTHODE DE M. LANTERNIER.

M. Lanternier possède dans le village de Guentrange, près de Thionville, un vignoble considérable; je n'ai vu nulle part de plus belles vignes.

J'ai dit à la page 44 que les vignes de M. Lanternier sont plantées en ligne droite; ces lignes sont à un mètre de distance, et dans les lignes les ceps sont à 50 centimètres l'un de l'autre. Sur chaque cep, M. Lanternier élève deux bourgeons-mariens qu'il attache au même échalas; et soit redit en passant, M. Lanternier emploie moitié moins d'échalas que dans la méthode ordinaire.

Dès que les mariens ont atteint 15 à 20 centimètres, ils sont fixés à l'échalas par un premier lien; de cette manière ils poussent droit, et ne sont pas exposés à être brisés par le vent. — Plus tard les mariens sont pincés à la hauteur de l'échalas, c'est-à-dire à 1 mètre 25 centimètres environ; et dans le cours de l'année, les bourgeons qui poussent à l'extrémité des mariens sont eux-mêmes pincés à deux ou trois reprises, et chaque fois au-dessus du premier bouton. De cette manière, il n'y a jamais de sarments qui pendent dans les rayons ; le bois des mariens devient moins fort, mais il est plus *raisineux* et il mûrit plus tôt.

A l'époque du pincement, M. Lanternier n'arrête pas les crampons juste sur le raisin. Il laisse une feuille au-dessus du raisin ; et, lors du nettoiement, au lieu de casser jusqu'à la base le bourgeon qui a poussé au bout des crampons, M. Lanternier le pince sur un œil, et de cet œil il sort un nouveau bourgeon qui à son tour est encore pincé sur un œil. Au lieu de n'avoir qu'une feuille au bout des crampons, on a un bouquet de feuilles ; cela entretient une plus grande abondance de sève : le raisin devient plus beau, on a moins à craindre la brûlure, et ce bouquet de feuilles est aussi un préservatif contre la grêle.

M. Lanternier n'est pas partisan du provignage. Il préfère replanter ses vignes lorsque les produits diminuent ; c'est ordinairement au bout de vingt-cinq ou trente ans. Pour maintenir ses vignes jeunes et empêcher les souches de s'allonger, il ménage avec soin les petites pousses qui sortent du vieux bois tout près de terre ; et, quand ces pousses ont acquis de la force, ce qui n'arrive quelquefois que la 2.ᵉ ou la 3.ᵉ année, il rabat les ceps au-dessus de ces pousses ; pour cette opération il fait usage d'une scie.

Les deux mariens que M. Lanternier élève annuellement sur chaque cep, sont taillés en février, l'un sur trois ou quatre boutons, l'autre sur huit, neuf et dix ; et ce dernier marien est courbé. La végétation est assez vigoureuse à Guentrange, pour qu'il soit nécessaire de tailler très-long et de courber les petites espèces de raisins.

M. Lanternier cultive séparément chaque variété de vigne. Le motif de cette culture séparée, c'est que toutes les vignes ne poussant pas également tôt, l'ébourgeonnement, le pincement et le nettoiement ne peuvent se faire pour toutes à la même époque. Il y a aussi des variétés de vigne, telles que le Pinot, qu'il faut nettoyer plus souvent que d'autres.

Dans les plantations, M. Lanternier ne fait usage que de plants enracinés ; et, avant de planter, il prépare le terrain avec soin comme nous l'avons expliqué à la page 40. — M. Lanternier ne traite pas les jeunes plantations comme on le fait généralement. Dès la première année, il ébourgeonne et il ne conserve sur chaque cep qu'un bourgeon-marien. La deuxième année, il taille court, sur deux yeux, et il n'élève encore qu'un seul marien qui déjà est plus vigoureux. La troisième année, il taille le marien sur trois, quatre ou cinq boutons ; et, le pied de vigne étant devenu fort, il élève deux mariens au lieu d'un seul. Cette troisième année, il obtient déjà une récolte assez abondante.

Tout m'a paru parfait dans le système de culture de M. Lanternier ; l'abondance de la récolte s'unit à la qualité. Il faut dire que M. Lanternier cultive par lui-même. Il a un maître-vigneron ; et, au moment des travaux qu'il exécute toujours en temps utile, il trouve dans le village de Guentrange les ouvriers dont il a besoin.

MÉTHODE DE M. LIMBOURG.

Le vignoble de M. Limbourg est situé dans le village de Kontz, a peu de distance de Sierck. Ainsi que nous l'avons expliqué à la page 44, M. Limbourg plante ses vignes en rayons espacés d'un mètre ; et, dans le sens des rayons, les ceps sont à 50 centimètres. M. Limbourg n'a que 200 pieds de vigne dans un are, mais tous les ans il élève deux sarments sur chaque pied de vigne, et au printemps il marcotte un des deux sarments dans l'intervalle des rayons ; de cette manière le nombre des ceps se trouve doublé. Les sarments marcottés sont enlevés à l'automne, et vendus comme replant.—M. Limbourg obtient des récoltes abondantes et principalement sur les marcottes. Nous avons dit que les marcottes épuisent les ceps, mais le sol de

5*

M. Limbourg est très-fertile et ses vignes sont parfaitement entretenues.

VIGNES EN FIL DE FER.

J'ai exposé, page 50 et suiv., comment on pouvait établir un treillage en fil de fer pour remplacer les échalas. En général on laisse un mètre d'intervalle entre les treillages. Une ligne de fer sert ordinairement pour deux rayons de vignes; on plante un rang de ceps de chaque côté du treillage, à la distance de 17 centimètres. On dispose les ceps en quinconce; et, dans le sens des rayons, on les espace à 50 centimètres, de manière que les branches, lorsqu'on les attache, se croisent sur le fil de fer à la distance de 25 centimètres. Pour le passage entre les treillages il reste un espace libre de 66 centimètres.

Lorsqu'une ligne de fer sert pour deux rangs de vignes, il m'a paru que certains travaux ne s'exécutaient pas facilement au milieu des branches qui se croisent; et, tout en laissant un mètre d'intervalle entre mes treillages, je me suis décidé à n'établir qu'un seul rang de vignes sur chaque ligne de fer. Les vignes que j'ai disposées de la sorte, étaient des plantations déjà anciennes. Je n'ai pas été maître d'espacer les pieds régulièrement; peu à peu j'éclaircirai les endroits trop épais, et je comblerai les vides, afin qu'il y ait 25 à 30 centimètres entre chaque cep.

La culture des vignes en fil de fer se pratique d'après la méthode ordinaire telle que je l'ai exposée, page 65 et suiv. Le seul changement, c'est qu'au lieu d'attacher les branches après les échalas, on les attache aux fils de fer en commençant d'abord par faire un tour avec la paille sur le fil de fer. Après la taille on fixe les ceps au fil de fer du bas en les inclinant le plus possible (fig. 3, *e*). Lors du relever, on attache les mariens au fil de fer du haut, et l'on couche ensuite leur extrémité le long du fil de fer, en montant (fig. 3, *f*). Au mois d'août les mariens sont assez allongés, pour qu'il soit nécessaire de les nettoyer et de les attacher de nouveau; en même temps on rogne un peu les bouts : c'est un petit supplément d'ouvrage qui est largement compensé par la diminution d'autres travaux.

Lorsque l'on bêche ou que l'on houle des vignes en fil de fer, il faut rejeter un peu la terre sur les ceps, pour que les eaux s'écoulent, autant que possible, par le milieu des sentiers qui régnent entre les treillages En bêchant, on doit éviter de déterrer les piquets qui soutiennent les fils de fer.

Dans les vignes en fil de fer, il n'est pas facile de courber; il vaut mieux tailler court, comme on l'a dit page 66. Si l'on n'avait, comme moi, qu'un seul rang de vignes, et si l'on tenait à courber, on pourrait employer une méthode déjà

ancienne et que j'ai essayée avec succès en 1849.
A cette époque le bas d'une de mes vignes, de
la contenance d'environ 10 ares, poussait trop
fort, j'ai fait tailler sur sept ou huit boutons, et
l'on a courbé les branches dont on a piqué l'extrémité en terre à la profondeur de 10 à 12 centim.
(fig. 5). Toutes ces courbes se sont chargées de
raisins, et à la vendange, elles offraient un
charmant coup-d'œil. Je compte, en 1851, procéder de même à l'égard d'une autre pièce de
vignes qui se trouve dans des conditions analogues. Si les vignes étaient assez vigoureuses
pour être courbées de la sorte tous les ans, on
pourrait supprimer dans les treillages le fil de fer
du bas. On pourrait également supprimer ce fil
de fer, si, cultivant des espèces de raisins fertiles,
on taillait très-court, sur deux ou trois boutons.

Lorsqu'on a des treillages en fil de fer, il faut
tâcher de maintenir les vignes jeunes le plus
longtemps possible, afin de retarder le moment
du provignage. A l'exemple de M. Lanternier,
page 81, je recommande à mes vignerons de
ménager avec soin les petits rejets qui poussent sur
les souches, tout près de terre. Lorsqu'il faudra
provigner, je m'attends à déranger mes treillages,
mais de la manière dont je les ai établis, ce ne
sera pas un grand travail. On a vu que j'ai un
mètre d'intervalle entre mes rayons de vignes ;
je compte profiter de cet espace où la terre se

sera reposée, pour y provigner mes vignes ;
peut-être aussi emploierai-je la méthode de provigner particulière à M. Lamy, page 77.

Les vignes en fil de fer me paraissent avoir
plusieurs avantages, indépendamment de ceux
qui sont particuliers aux vignes cultivées en ligne
droite, page 46. Elles offrent un très-joli aspect.
Le sol en est moins foulé puisqu'on ne le piétine
pas en fichant les échalas. Si l'on plante des ceps
dans les rayons, soit pour remplir les vides,
soit pour changer successivement l'espèce des
raisins, les plantes qui ont beaucoup de lumière
reprennent facilement. Le bois de la vigne mûrit
plus vite. J'ai entendu dire que les raisins mû-
rissaient moins bien, mais je ne m'en suis pas
aperçu; et, quant à la grêle, les dégâts ne m'ont
pas semblé plus considérables dans les vignes en
fil de fer que dans les autres. On pourrait croire
que les fils de fer gênent beaucoup pour passer
d'un rayon à l'autre, mais il est facile de les
enjamber. Il faut dire aussi que les vignerons
sont débarrassés de l'opération si pénible de l'échalassement. Je crois donc que, par l'établissement
des treillages en fil de fer, M. Collignon d'Ancy
a introduit une grande amélioration dans la culture de la vigne.

Je termine ici les renseignements que j'avais
à donner sur la culture de la vigne. Comme on

l'a vu, ces travaux sont nombreux; et, pour qu'ils produisent des résultats satisfaisants, il faut encore qu'ils soient exécutés avec soin et en temps propice. Entre des vignes bien ou mal cultivées, la différence est immense. C'est aux propriétaires qu'il appartient de perfectionner la culture; il faut surveiller les vignerons, leur donner de bons conseils, et encourager leur zèle par des gratifications proportionnées au produit des vignes et au surcroît de travail qu'on exige.

CHAPITRE III.

VENDANGE ET FABRICATION DU VIN. — ÉPOQUE DE LA VENDANGE. CUEILLETTE DU RAISIN. DÉPOT DE LA VENDANGE DANS LES CUVES. PHÉNOMÈNES DE LA FERMENTATION. ÉGRAPPAGE. FOULAGE, PROCÉDÉ POUR AMÉLIORER LE MOUT. COUVERTURE DES CUVES. DÉCUVAGE ET PRESSURAGE. UN SOUVENIR DE VENDANGE.

ÉPOQUE DE LA VENDANGE.

Nous voici à l'automne ; les feuilles ne tombent pas encore, et cependant les vignes semblent moins touffues, les raisins colorés apparaissent de toutes parts. La vendange s'annonce sous d'heureux auspices, le temps est beau, et le soleil brille encore d'un vif éclat. On sent bien qu'il y a dans l'air une sorte d'allanguissement, et que la nature épuisée va nous livrer ses dernières faveurs ; mais la terre est parée comme aux plus beaux jours, les fils de la vierge glissent silencieusement dans le ciel, tout rappelle le printemps. C'est ainsi que sur la fin de la vie, lorsque le flambeau de l'exis-

tence est prêt à s'éteindre, on a parfois une re-
verbération de la jeunesse. Jouissons avec reconnaissance de ces derniers beaux jours, et
tâchons de les mettre à profit pour récolter les
raisins.

La vendange se fait ordinairement dans la première quinzaine du mois d'octobre; dans les
bonnes années, elle a lieu à la fin de septembre.
Le degré de la maturité des fruits ayant une
grande influence sur la qualité du vin, on choisit
pour la cueillette le moment convenable. On doit
vendanger quand le raisin est mûr, ou du moins
quand il ne profite plus sur le cep. Au premier
abord, rien ne paraît plus facile que de cueillir
le raisin quand il est mûr, mais malheureusement
tous les raisins ne mûrissent pas à la même époque;
et, pour bien faire, il faudrait vendanger à plusieurs reprises. Ce n'est pas l'habitude dans le
département de la Moselle; on vendange quand
la plus grande partie des raisins sont arrivés à
leur point de maturité.

Aux environs de Metz où les vignes sont mises
en ban, les maires des communes, accompagnés
d'un certain nombre de propriétaires, parcourent
les vignes; et, à la suite de cette visite, on arrête
le jour de la vendange. On s'est plaint quelquefois
des bans de vendange, mais en général cette
servitude est acceptée facilement, parce qu'elle
protège la propriété.

quand je vois dans mes vignes quelques-uns de ces petits travailleurs qui ne travaillent guère, je me dis en moi-même : il faut que les enfants soient avec leurs parents. — La pensée est morale.

On doit veiller à ce que les vendangeurs ne laissent pas de raisins sur les ceps. L'histoire de Ruth et Booz nous enseigne qu'à la moisson des blés, il faut laisser dans les champs quelques épis pour les glaneurs ; mais en vendange, les raisins qu'on laisse dans la vigne n'ont d'utilité réelle pour personne, et c'est une occasion pour les grapilleurs de venir écraser les ceps et briser les échalas.

Lorsque les vendangeurs ont rempli leurs paniers, on vide les raisins dans les hottes. L'ouvrier chargé de ce travail doit être leste, et avoir toujours un panier qu'il donne en échange de celui qu'il enlève. Les hottes sont en bois de sapin, cerclées en fer, et garnies de bretelles en osier. C'est le videur de paniers qui aide les porteurs à charger les hottes. Si la vigne est éloignée du vendangeoir, on forme plusieurs relais de porteurs ; ou bien on fait usage de voitures sur lesquelles on place des cuviers et, à leur défaut, des tonneaux défoncés.

Les vendangeurs sont payés diversement suivant les lieux. Dans mon canton, ceux qui coupent les raisins reçoivent par jour, suivant leur âge, 50 à 80 centimes, les videurs de paniers ont 1 fr.; quant aux porteurs, on leur donne 1 fr. 50 cent.

Tous ces ouvriers sont nourris, et les porteurs ont en outre une demi-bouteille de vin à chaque repas. Les vendangeurs ont, bien entendu, la liberté de manger des raisins; et, le dernier jour de la vendange, ils en emportent un panier.

Lorsque le temps est beau, la vendange ne manque pas de gaîté. A la fin du jour, les vendangeurs et les vendangeuses, oubliant leurs fatigues, s'amusent à danser et à chanter. Il y a quelques années, j'entendais un soir dans ma cour des chants plus vifs que de coutume; je m'aprochai d'une fenêtre, et j'écoutai. On dansait en rond; une jeune fille à la voix sonore, chantait des couplets qui commençaient par ces mots: Nous n'irons plus au bois. — Cela m'avait l'air d'une menace pour les jeunes gens. Diable, pensai-je en moi-même, que deviendront les jeunes gens si les jeunes filles ne vont plus sous la coudrette. Ces vendangeuses sont des inhumaines, et cependant elles appartiennent à un sexe qui a dans le cœur des trésors d'amour... Mais bientôt je me rassurai, car, à la fin du couplet, la chanteuse avait adouci sa voix, et je l'entendis qui disait à un grand garçon qu'on avait fait entrer dans la danse: Embrassez celle que vous aimez. — Je ne cherchai pas à en voir davantage; je refermai ma fenêtre, et me retirai en bénissant la providence qui ne nous abandonne jamais.

DÉPOT DE LA VENDANGE DANS LES CUVES.

De la vigne la vendange est transportée au vendangeoir, et déposée dans des cuves, à moins qu'on ne veuille avoir du vin parfaitement blanc, car alors le raisin se met tout de suite sur le pressoir. Une cuve doit être remplie le plus promptement possible, afin que la fermentation commence en même temps pour toute la masse. La vendange augmentant de volume par la fermentation, il ne faut pas remplir les cuves complètement.

Les cuves sont en bois de chêne, cerclées en fer, et plus étroites par le haut afin de maintenir les cercles ; leur dimension est proportionnée à la force du pressoir. Les cuves se posent sur des poutres ou sur de petits murs, à 50 ou 60 centimètres au-dessus du sol : il faut pouvoir passer dessous pour examiner si elles ne coulent pas.

Quelquefois on adapte aux cuves un couvercle qui les ferme hermétiquement. Après s'être servi des cuves pour y déposer la vendange, on peut, en replaçant le couvercle, s'en servir pour y mettre du vin : ce sont des cuves-foudres. Au lieu de cuves, on emploie aussi des foudres ; alors il y a dans la partie supérieure une ouverture assez grande pour le passage du raisin ; elle se ferme au besoin comme la porte qui est au bas des foudres. — Quand la place manque, si l'on a des foudres vides dans sa cave, on peut y déposer l'excédant de la vendange. J'ai vu chez M. Dauphin un arrangement qui m'a paru très-commode. La cave est sous la cuverie, et dans la voûte on a pratiqué, de distance en distance, des ouvertures assez larges pour donner passage à un tuyau de fer-blanc ayant 20 centimètres de diamètre. Ce tuyau dont l'extrémité inférieure aboutit au foudre que l'on veut remplir, est garni par le haut d'une espèce d'entonnoir en bois, auquel on adapte un cylindre, page 103. On jette les raisins dans l'entonnoir, on les écrase à l'aide du cylindre; et la vendange, tombant dans les tuyaux, est conduite dans le foudre. Il est inutile de dire que tout cet appareil est portatif.

Cinq ou six jours avant la vendange, on doit abreuver les cuves. Après les avoir nettoyées, on y jette une certaine quantité d'eau pour bien imbiber le fond ; tous les jours, on arrose intérieurement les douves du tour. On renouvelle l'eau si cela est nécessaire. Quelques personnes mêlent à l'eau une certaine quantité de chaux vive, soit pour enlever la mauvaise odeur du bois, soit plutôt pour empêcher l'eau de se corrompre. On vide les cuves au moment de s'en servir. — Les foudres ont besoin d'être abreuvés avec de l'eau chaude.

Lorsqu'une cuve est pleine, il arrive quelquefois qu'elle coule. A l'extérieur, on bouche les fentes avec du coton, du papier gris ou du suif;

à l'intérieur, on cherche à faire glisser de la cendre sur la partie qui est trouée. Pour y parvenir, on enfonce une planche dans la vendange; et, après l'avoir un peu remuée pour écarter les grappes, on jette de la cendre qui descendant le long de la planche, va se déposer à l'endroit qui coule.

Au lieu de cuves en bois, on pourrait avoir des cuves en maçonnerie; je n'en ai vu que chez M. Lanternier, qui d'ailleurs en est fort satisfait. Ces cuves sont plus froides que celles en bois; et, quand il le faut, M. Lanternier, pour réchauffer la vendange, emploie le moyen indiqué page 103. Les cuves en maçonnerie doivent être faites avec beaucoup de soin.

PHÉNOMÈNES DE LA FERMENTATION.

Maintenant que le raisin est cueilli, nous allons nous occuper de la fabrication du vin; mais avant, il faut donner un aperçu des phénomènes de la fermentation. Ici, malgré mon ignorance, je serai contraint d'entrer dans quelques explications scientifiques; et je m'empresse de déclarer que j'ai eu recours à l'ouvrage de Justus Liebig et aux excellents conseils de M. le docteur Langlois dont la complaisance égale le profond savoir. Le lecteur voudra bien me lire avec un peu d'attention.

Fermentation vineuse ou alcoolique.

Je commencerai par dire un mot de la composition du raisin. Les grains contiennent une matière liquide qu'on appelle moût, et qui se compose principalement d'eau, de sucre de raisin, le tartre, sorte de sel légèrement acide, et d'une substance végéto-animale que nous appellerons la levure. — Le tartre, le sucre de raisin et la levure sont en dissolution dans le moût. — Les rafles des raisins et les enveloppes ou peaux renferment du tanin. — Les enveloppes contiennent en outre une matière colorante plus ou moins foncée. — Il paraît que les pepins ne jouent pas un rôle actif dans la composition du vin.

Lorsqu'on a déposé des raisins dans une cuve, une partie s'est écrasée dans le transport, et la vendange ne tarde pas à fermenter. Voici ce qui se passe. L'air se compose, comme on sait, de 79 parties d'azote et de 21 parties d'oxygène. Eh bien, l'oxygène de l'air, se combinant avec la levure, provoque la fermentation du sucre de raisin, qui se métamorphose en acide carbonique et en alcool. Le sucre de raisin ne fermenterait pas sans la présence de la levure; et la levure elle-même, pour exercer son action, a besoin de se combiner avec l'oxygène. Disons cependant qu'une fois établie, la fermentation peut se continuer sans le concours de l'oxygène.

La quantité de levure n'est jamais en proportion exacte avec la quantité de sucre de raisin. Si la vendange est peu sucrée, il reste encore

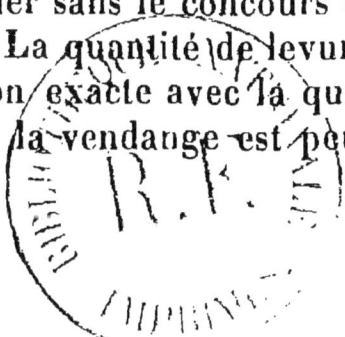

une certaine quantité de levure, apérs la transfor-
mation de tout le sucre en acide carbonique et
en alcool. — Si, au contraire, la vendange est
très-sucrée, après que toute la levure est épuisée,
il reste encore du sucre de raisin non décomposé ;
c'est ce qui arrive pour les vins de liqueur. —
La levure qui a servi à métamorphoser le sucre
de raisin en acide carbonique et en alcool, est
épuisée ; elle se dépose avec la lie.

Si l'on voulait empêcher le moût de fermenter,
il faudrait détruire l'oxygène qui s'y est mêlé.
On y parvient par un *soufrage* énergique. Le gaz
sulfureux qui résulte de la combustion des mèches
soufrées, pénétrant dans le vin, s'empare de l'oxygène ; et, se combinant avec lui, il forme de
l'acide sulfurique qu'on retrouve dans le liquide
par l'analyse chimique. Cet acide sulfurique est
d'ailleurs en si petite quantité qu'il ne modifie
pas la nature du vin.

Pendant la fermentation, il se fait dans la
cuve une sorte de bouillonnement, les bulles
d'acide carbonique viennent crever à la surface,
toute la vendange se gonfle ; et au-dessus il se
forme une mousse épaisse composée d'acide carbonique et d'une matière visqueuse. Il n'est pas
inutile de rappeler que le gaz acide carbonique
est très-dangereux à respirer ; ainsi l'on ne doit
pénétrer qu'avec précaution dans les cuveries
fermées et surtout dans les caves, lorsque la

fermentation est en pleine activité. Pour éviter les accidents, il suffit de porter avec soi une lumière qui, en s'éteignant, vous avertit du danger.

Plus il y a de sucre dans le raisin, plus il se forme d'alcool. C'est à l'aide de l'alcool que se dissout la couleur qui est contenue dans les enveloppes, et qui donne au vin une teinte particulière. Pendant la fermentation, le tanin qui est renfermé dans les grappes et dans les enveloppes se dissout. Le tanin peut contribuer à donner de la saveur au vin; mais, s'il est en excès, il lui communique de l'âpreté. Les vins qui contiennent du tanin sont considérés comme plus toniques.

Lorsqu'au lieu de déposer le raisin dans des cuves, on le pressure immédiatement, on obtient un vin qui est tout à fait blanc, et qui ne contient pour ainsi dire pas de tanin; cela se comprend puisque le moût n'a cuvé ni avec les grappes ni avec les enveloppes. Le moût fermente d'ailleurs dans les tonneaux tout comme dans les cuves, c'est-à-dire que le sucre de raisin, grâce à la levure, se transforme en alcool et en acide carbonique.

C'est le mélange d'eau, d'alcool, d'acide carbonique, de sel de tartre, de tanin etc., qui compose le vin. On ne ferait pas du vin seulement avec de l'eau et de l'alcool. — On a cherché d'où pouvait provenir le bouquet, mais son principe a échappé aux investigations de la science.

6

Jusqu'à présent nous n'avons parlé que de la fermentation vineuse ou alcoolique. Nous allons dire un mot de la fermentation acide ou acéteuse.

Fermentation acide ou acéteuse.

Nous avons expliqué que dans les vins qui sont peu sucrés, il reste dans le liquide une certaine quantité de levure, après que tout le sucre de raisin a été transformé en acide carbonique et en alcool. Cette levure mise en mouvement par l'oxygène, et ne trouvant plus à exercer son action sur le sucre de raisin, s'attaque alors à l'alcool et le transforme en vinaigre : c'est la fermentation acéteuse. — Comme on le voit, c'est la présence de la levure qui est cause que le vin s'aigrit au contact de l'air. — Les vins faibles s'aigrissent plus vite que les vins généreux.

Fermentation putride.

Après la fermentation acide arrive la fermentation putride dont nous n'avons pas à nous occuper. Toutefois, nous dirons en passant que les fermentations alcoolique, acide et putride ne sont que l'effet de l'action successive de l'oxygène de l'air. C'est l'action chimique de l'oxygène qui est la cause première de toutes ces métamorphoses, subies non seulement par les molécules organiques des raisins, mais encore par les molécules organiques de tous les êtres qui ont eu vie, animaux et végétaux.

CUEILLETTE DU RAISIN.

Lorsque le jour de la vendange a été fixé, on s'occupe d'organiser sa troupe de vendangeurs ; on tâche d'avoir beaucoup de monde pour finir le plus rapidement possible.

On ferait bien de ne pas vendanger, quand le raisin est mouillé par la pluie ou par la rosée. On devrait aussi trier les raisins pour mettre à part ceux qui ne sont pas mûrs ; mais ce sont là des précautions qu'il n'est pas d'usage de prendre dans notre pays, où les vins n'ont pas une très grande valeur.

Parmi les vendangeurs, les uns coupent les raisins, les autres vident les paniers, d'autres enfin portent les hottes. Les personnes qui coupent les raisins doivent être munies de ciseaux ; les couteaux secouent les grappes, et font tomber les grains les plus mûrs ; les queues doivent être coupées court. L'opération de la cueillette, pour être bien faite, a besoin d'être confiée à de grandes personnes.—Nicolas, disais-je un jour à l'un de mes vignerons, vous m'amenez toujours des enfants. — Mais, monsieur, me répondit-il, il faut bien qu'ils apprennent. — Certainement, répliquai-je, mais j'aimerais tout autant qu'ils apprissent ailleurs. — Nicolas ne se tint pas pour battu, et il me fit observer que les enfants devaient accompagner leurs parents.—Ici, je l'avouerai, je ne trouvai rien à répondre ; et aujourd'hui,

Ces transformations ne sont au reste que le moyen employé par le créateur pour ramener tous les corps à leur état primitif : c'est l'harmonie de l'univers. Admirons la simplicité des voies de la providence ; tâchons d'élever notre âme à Dieu, et n'oublions pas que nous-mêmes nous retournerons en poussière,

Memento , homo , quia pulvis es et in pulverem reverteris.

Les idées générales que nous venons d'énoncer sur la fermentation alcoolique et sur la fermentation acide, vont nous servir dans les différentes opérations de la fabrication du vin.

ÉGRAPPAGE.

Le but qu'on se propose en égrappant, c'est que le vin, ne cuvant pas avec les rafles, se charge de moins de tanin, et que par suite il n'ait pas autant d'âpreté. Dans la Moselle , il y a peu de personnes qui égrappent, et encore n'est-ce que dans les mauvaises années. Lorsque la récolte est mûre, la grappe est ligneuse, et sa présence dans la vendange n'a aucun inconvénient ; mais, lorsque la récolte n'est pas mûre, la grappe qui est verte, contient un jus âcre qui se répand dans le vin, le rend acide et nuit à sa couleur.

Pour égrapper on se sert d'une claie dont la grandeur est proportionnée à celle des cuves. Cette claie, entourée de planches formant un rebord

de 10 à 15 centimètres, est composée de lattes
de sapin, peu épaisses, distantes l'une de l'autre
de 2 centimètres et clouées sur des traverses.

La claie se place au-dessus de la cuve; les
porteurs y déposent la vendange. Chez M. Lanternier, on promène le raisin en le frappant avec
des pelles de bois. Chez M. de Chazelles on fait
usage de râteaux de bois à dents courtes. Les grains
se détachent, et ils tombent dans la cuve en
passant à travers les interstices de la claie. On jette
les rafles dans une cuve à part; et, lorsqu'il y en
a une quantité suffisante, on les porte sur le
pressoir pour en extraire le peu de vin qu'elles
contiennent.

FOULAGE.

Le foulage est une opération que l'on pratique
généralement aux environs de Metz. L'air étant
nécessaire à la fermentation, on se propose, en
brisant l'enveloppe des raisins, de mettre leur
intérieur en contact avec l'air. De cette façon,
on hâte la fermentation de la vendange, et on
la rend plus égale pour toute la masse.

On comprend qu'il n'est pas utile que les raisins
soient fortement écrasés; il suffit qu'ils soient
crevés. L'opération du foulage se fait d'une manière plus ou moins complète; ce qui importe,
c'est que les marcs plongent dans le vin. Pour
écraser les raisins, les uns se servent de pilons

ou de pelles en bois; les autres écrasent à l'aide des pieds, mais cela n'est pas propre, et d'ailleurs c'est malsain pour l'ouvrier. Quelques personnes, et je suis du nombre, emploient pour cette opération un instrument qui est très-commode, et que l'on connaît dans notre pays sous le nom de cylindre. Ce sont deux rouleaux de chêne ayant 80 centimètres de longueur sur 10 centimètres de diamètre, et qui sont maintenus dans un cadre en bois, à la distance d'un centimètre; on les fait marcher l'un contre l'autre au moyen d'un engrenage et d'une manivelle. Au-dessus de ces rouleaux on place une caisse qui va en se rétrécissant par le bas, et dans laquelle on jette les raisins. Les raisins posent sur les rouleaux, qui en tournant les entraînent entre eux et les écrasent. Il faut dire que les rouleaux sont re-couverts de clous sans tête ou d'un treillage en fil de fer, de manière à accrocher les raisins. On place le cylindre au-dessus de la cuve que l'on veut remplir. J'ai vu des cylindres très-bien faits chez M. de Chazelles. Ils coûtent 36 francs, et sortent de l'atelier de M. Léonard, serrurier à Ancy, près de Metz.

PROCÉDÉ POUR RÉCHAUFFER LA VENDANGE.

Pour fermenter convenablement, la vendange a besoin d'une certaine chaleur, et quelquefois il peut être utile d'élever artificiellement la tempé-

6*

rature des cuves. Ainsi, même dans les bonnes années, lorsqu'une cuve a été vendangée par la rosée, elle a beaucoup de peine à entrer en ébullition. Le raisin reste longtemps froid ; la fermentation qui s'établit difficilement est imparfaite, et l'on a remarqué que, dans ce cas, le vin n'acquiert jamais une aussi belle couleur et n'est pas aussi bon.

Lorsque le raisin est trop froid, voici le procédé que plusieurs personnes emploient avec succès. Aussitôt que la cuve est pleine (et nous supposons qu'elle contient 40 hectolitres de vin), on en tire 150 à 200 litres de moût que l'on fait chauffer dans des chaudières. Au moment où le moût va bouillir (et il ne faut pas le laisser réduire dans la crainte qu'il ne contracte un goût de vin cuit), on le jette sur la vendange et on l'y mêle le mieux possible. La fermentation ne tarde pas à s'établir.

PROCÉDÉ POUR AMÉLIORER LE MOUT.

Voici maintenant comment on peut améliorer le moût dans les mauvaises années, lorsque le raisin manque de sucre. On prépare du moût comme si l'on voulait réchauffer la vendange ; on y fait dissoudre une certaine quantité de glucose ou sucre de fécule, et l'on répand ce mélange chaud dans la cuve. La quantité de glucose varie suivant la qualité du raisin. Un propriétaire en qui j'ai grande confiance m'a dit que, calcul fait des hectolitres de vin contenus dans la cuve que l'on veut sucrer, on devait mettre au plus 2 kilogrammes $\frac{1}{2}$ de glucose par hectolitre de vin.

Le glucose ou sucre de fécule est de la même nature que le sucre de raisin ; et, de même que le sucre de raisin, il se transforme en alcool et en acide carbonique.

A l'aide de ce procédé, la fermentation de la cuve se fait mieux, et le vin prend plus de couleur et plus de qualité. Le glucose ne coûte que 40 centimes le kilogramme ; cette petite dépense est compensée par l'amélioration du vin et par l'excédant de quantité, car la vendange ainsi préparée se pressure mieux. Nous dirons, en passant, que le sucre ordinaire, malgré son prix élevé, n'est guère préférable au sucre de fécule. Pour produire son effet, le sucre ordinaire se transforme d'abord en sucre de fécule ; seulement 10 parties de sucre ordinaire en valent 11 de sucre de fécule.

COUVERTURE DES CUVES.

Nos cuves ont été arrangées avec soin, la vendange a été égrappée page 101, foulée page 102, réchauffée page 103, sucrée même, si cela a été nécessaire page 104. La fermentation va s'opérer, page 96 ; mais, à côté de la fermentation alcoolique qui change le moût en vin, il faut craindre la fermentation acide qui transforme le vin en vinaigre. Chacun a remarqué que les raisins au-dessus des cuves non couvertes se moisissent ; c'est l'effet de la fermentation acide, et refouler dans la cuve ces raisins blanchis par la moisissure, c'est porter l'élément acide dans le vin. Il faut tâcher d'empêcher le dessus de la cuve de s'acidifier par le contact de l'air. Le procédé le plus général consiste à mettre au-dessus de la vendange une couche de raisins qu'on a soin de laisser entiers. Ces raisins dont l'enveloppe est intacte, se trouvent protégés contre l'action de l'air ; ils ne s'aigrissent que lentement, et forment un abri protecteur pour la masse. Quelquefois on prend la peine de pressurer à part cette couche de raisins : c'est ce que fait M. Thiva, de Lessy.

Il y a des personnes qui ne remplissent les cuves que jusqu'à 30 centimètres du bord, et qui les couvrent avec des planches, des paillassons ou même des toiles. L'acide carbonique qui s'échappe de la vendange et qui est plus lourd que l'air, reste à la surface de la cuve : c'est une atmosphère artificielle qui empêche la moisissure des raisins.

Je connais quelques propriétaires qui tiennent les grappes plongées dans le vin au moyen de claies ou de treillages ; de cette manière la couleur se détache mieux des enveloppes du raisin. Voici comment on s'y prend : on a une claie de la grandeur de la cuve ; lorsque la cuve est remplie à 25 centimètres près, on égalise la vendange, on pose la claie au-dessus, l'on met une planche solide en travers de la claie, et sur cette planche on place verticalement une pièce de bois qui s'appuie contre le plafond, et forme un arc-boutant : c'est le procédé que j'emploie. — On peut aussi maintenir la claie à l'aide de quatre liteaux qui sont cloués intérieurement dans la cuve. Dans ce cas, pour que la claie puisse descendre sous les liteaux, on la fait de deux pièces, ou bien on y pratique des entailles de la grosseur des liteaux. Ensuite on place au-dessus de la claie deux planches qui, s'enfonçant par leurs extrémités sous les liteaux, empêchent la claie de remonter.— Ces arrangements étant terminés, on a soin de couvrir la cuve, car le vin qui monte au-dessus des raisins, s'acidifierait par le contact de l'air.

Si l'on voulait pousser plus loin la précaution, on pourrait, comme M. Lanternier, lorsque les cuves commencent à fermenter, les fermer exactement, en mettant sur la couverture une couche de terre glaise épaisse de deux ou trois doigts. Dans ce cas, pour donner issue à l'excédant du gaz acide carbonique et empêcher une explosion, on place dans la couverture une bonde hydraulique qui permet au gaz de s'échapper en passant dans l'eau, sans cependant laisser entrer l'air extérieur.

Lorsqu'on a une vendange considérable, les

cuves couvertes et les foudres offrent cet avantage
que l'on peut retarder le pressurage, sans craindre
que le vin s'aigrisse, grâce à la couche d'acide
carbonique qui se trouve entre le vin et le couvercle. Il paraît démontré que dans les cuves
couvertes et dans les foudres, la fermentation se
fait d'une manière plus égale. Le vin a plus de
force, plus d'alcool, et se conserve mieux.

DÉCUVAGE ET PRESSURAGE.

Le vin qui cuve trop longtemps perd une
partie de sa délicatesse; et cela s'explique, car
plus le vin fermente avec les grappes, plus il a
de tanin, et plus par conséquent il contracte
d'âpreté. D'un autre côté, si l'on prolonge la fermentation, il est à craindre que la vendange ne
s'acidifie surtout dans les cuves découvertes. Il
importe donc de mettre les cuves en perce aussitôt
que le vin est fait. On doit couler les cuves,
lorsque le chapeau cesse de monter, ou du moins
aussitôt qu'il descend; c'est ordinairement du 5.e
au 8.e jour. Si les cuves sont couvertes, on peut
attendre un peu plus longtemps. Il y a des personnes qui, dans l'espoir d'obtenir plus de couleur,
foulent la cuve peu de temps avant de pressurer;
c'est une opération vicieuse : on porte de l'acidité
dans le vin, et l'excédant de couleur qu'on obtient
de la sorte ne se conserve pas.

Dans les années mauvaises, lorsque le raisin

n'est pas mûr, on ne doit pas s'attacher beaucoup à la couleur qu'il est difficile d'obtenir, puisqu'il y a peu de sucre dans le raisin, que par suite il y a peu d'alcool, et que, d'ailleurs, les enveloppes ne sont pas riches en matière colorante.

De la cuve le vin tombe par une anche dans une cuvelle, et on l'y puise pour le porter à l'aide de hottes dans les foudres ou dans les tonneaux. Dans quelques endroits, le vin descend de la cuverie à la cave par des tuyaux de fer-blanc qui passent à travers les murs. — Le vin qui découle de la cuve s'appelle vin de pied-chaud.

Lorsqu'on a tiré de la cuve tout le vin qui peut en sortir, on s'empresse de porter les marcs sur le pressoir, parce qu'ils ne tarderaient pas à s'échauffer. Il y a des pressoirs de différentes constructions. Les pressoirs à bascule sont encore considérés comme les plus commodes, parce que le poids agit constamment, et que l'ouvrier n'a pas besoin d'être toujours là. Les pressoirs à la Jaunez ou à vis tiennent moins de place, et dans ces derniers temps ils ont été singulièrement perfectionnés par M. Vilmote, serrurier-mécanicien, à Plantières, près de Metz. — Sur les pressoirs à bascule un pain de vendange reste ordinairement 24 heures; mais, quand on est pressé, l'on parvient à faire le pressurage en 10 ou 12 heures. On est moins longtemps sur les pressoirs à vis. Il est inutile de dire que dans l'opération du pressurage,

le vin doit être laissé exposé à l'air le moins pos
sible, toujours dans la crainte de l'acidification
Dans les vendangeoirs bien organisés, la pierre
où tombe le vin est garnie d'un couvercle en bois
que l'on ferme au besoin par un cadenas. Un
panier à claire-voie, en osier ou en fil de fer
galvanisé, retient les rafles et les empêche de
tomber avec le vin dans la pierre.

Il est d'usage de donner au moins quatre
tailles à un pain de vendange. Le vin qui coule du
pressoir après la première taille, est plus doux à
boire que celui de pied-chaud; cela vient sans
doute de ce qu'il est le produit de grains de raisins
qui sont restés entiers au foulage. Il se peut aussi
que ces grains se soient améliorés par leur immer-
sion prolongée dans le moût, tout comme par
suite du phénomène de l'endosmose, les fruits
plongés dans l'eau-de-vie sucrée, se dépouillent
d'une partie de leur eau, et absorbent en échange
une certaine quantité d'alcool et de sucre. —
C'est le vin de la première taille qui fait le vin
doux et le fameux vin *goulcté*. C'est encore avec
ce vin que les habitants des campagnes font la
liqueur d'*aloco* dont voici la recette : prenez
quatre parties de vin doux et une partie d'eau-
de-vie; mêlez bien, et versez dans des bouteilles
que vous laisserez droites pendant sept ou huit
jours, en les couvrant d'un papier percé de trous
d'épingles. Après ce délai, mettez des bouchons

et couchez les bouteilles. Laissez reposer pendant quelque temps ; et, après avoir transvasé, buvez avec vos amis.

Ordinairement on mêle ensemble le vin de pressoir et le vin de pied-chaud. Quelquefois cependant, et dans les mauvaises années, on met à part le vin des dernières tailles. Aussitôt que le pressurage est terminé, on enlève les marcs ; et, après les avoir divisés à l'aide d'un instrument à dents de fer, on les entasse dans des cuves que l'on couvre d'une couche de terre glaise. De cette manière, on préserve les marcs du contact de l'air qui les moisirait, et on les conserve jusqu'au moment où on les distille.

J'étais en train de chercher une phrase pour achever mon chapitre, lorsque M. G..., cet amateur éternel de citations et de digressions, vint me voir ; je lui montrai ce que j'avais écrit. Quand il eut achevé de lire, il me dit : Tout cela n'est pas très-amusant, et franchement vous auriez bien dû égayer l'article où il est question de la vendange : est-ce que vous n'auriez pas pu l'animer par quelque récit ? est-ce que vous n'avez pas dans le cœur quelque souvenir ? — Hélas non, répondis-je, il ne m'est jamais rien arrivé, je suis encore à attendre les événements.

M. G... Ce n'est pas possible ; quand on va en vendange, on ne se borne pas à cueillir des raisins et à boire du vin doux.

7

L'Auteur. — Je vous assure qu'il ne m'est rien arrivé qui vaille la peine d'être raconté.

Racontez toujours, reprit M. G.., — Je voulais faire preuve de bonne volonté, et l'idée me vint de lire à M. G... l'anecdote suivante. Pour le besoin de la cause, je l'ai intitulée : *un souvenir de vendange*, mais son vrai titre, c'est *une fleur*.

UN SOUVENIR DE VENDANGE.

Lorsque j'étais étudiant en droit, il y avait à Paris plusieurs maisons dans lesquelles on me recevait avec bienveillance, et l'on pense bien que je répondais avec empressement à ce bon accueil : quand on est loin de sa famille, il est si doux de rencontrer quelques visages amis. Parmi les personnes qui me témoignaient le plus d'affection, je place M.ᵣ Montessuy, propriétaire d'un domaine magnifique dans le village de Juvizy, à quelques kilomètres de la capitale. Tous les dimanches, pendant les beaux jours, M. Montessuy recevait. Quand il avait eu la bonté de m'envoyer une invitation, j'allais chercher la diligence sur la place de la Cité, et je me mettais en route, emportant un petit paquet de façon à pouvoir changer de vêtements en arrivant à Juvizy. Chez M. Montessuy, je trouvais un domestique nommé Frédéric, qui avait été au service de mon père pendant les dernières années de l'empire. Frédéric était plein d'attentions pour moi. Dès que j'arrivais, il me conduisait dans une chambre, il m'aidait à m'habiller; et, bon gré mal gré, il me frisait les cheveux : il disait qu'un peu de recherche dans la mise n'allait pas mal à la jeunesse. Au milieu de tout cela, il me parlait de ma famille, de la campagne de France, de la bataille de Waterloo et de l'armée de la Loire où il avait accompagné mon père.

Quand ma toilette était faite, j'allais me présenter au maître de la maison, la joie sur le visage et la confiance dans le cœur. J'étais sûr de n'entendre que des paroles affectueuses. M. Montessuy me pressait les mains; et, s'il avait été quelque temps sans me voir, il redoublait de prévenances. L'affabilité du maître de la maison se communiquait à toute la société, et les jours passés à Juvizy sont restés dans mon cœur parmi les plus beaux jours de ma vie.

Le château de M. Montessuy était dans une position charmante. A la propriété se trouvaient réunis des jardins potagers, des vignes, des bois et des prés très-étendus au milieu desquels coulait une petite rivière. Les journées se passaient vite. On se livrait au plaisir de la promenade, on faisait des parties de bateau, on pêchait à la ligne, et dans les bois on chassait aux lapins et aux faisans. Si le temps était mauvais, on restait à la maison, on jouait aux cartes, au billard. Le soir on dansait, ou l'on faisait de la musique; et vers onze heures on repartait pour Paris.

M. Montessuy connaissait beaucoup de monde ; on voyait chez lui des fonctionnaires, des littérateurs, des artistes. Aujourd'hui la personne qui me revient à la mémoire est une jeune fille, qui depuis est devenue une respectable mère de famille.

Mlle Henriette ***, qui avait alors 13 ou 14 ans, était remplie de grâce et de gentillesse. Nos familles se connaissaient depuis longtemps, et plusieurs fois je l'avais rencontrée chez M. Montessuy. C'était moi qu'elle venait chercher pour diriger la nacelle, quand il lui prenait fantaisie de faire une promenade en bateau. Elle voulait bien aussi m'appeler à son aide pour courir après les papillons, et pour cueillir des roseaux ou des branches de Nénufar sur le bord de la rivière. Je dois dire que je ne considérais Mlle Henriette que comme une enfant.

Par une belle journée de l'automne de 1822, nous nous trouvions ensemble à Juvizy ; on faisait la vendange. Nous avions passé une partie de la journée dans les vignes ; le soir le temps était délicieux, la société se promenait au bord de l'eau, et j'étais resté quelques pas en arrière, lorsque je vis Mlle Henriette qui accourait à moi : elle paraissait un peu animée, les lys de son teint avaient disparu sous les roses. Je lui demandai ce qu'elle avait. — Mon Dieu, me répondit-elle, c'est encore mon petit cousin qui vient de m'embrasser, et cela m'ennuie ; il appuie si fort sur mes

joues qu'il me fait mal. — Le petit cousin, M. Er-
nest, était un jeune lycéen de 15 à 16 ans qui
avait l'air fort éveillé. La jeune fille ajouta : il
veut toujours être avec moi, et maintenant il est
encore à ma recherche. Pour m'en débarrasser,
j'ai fait comme si j'allais du côté de la maison, et
je suis accourue ici pour rejoindre la société. —
Ma chère amie, lui dis-je, vous devriez parler
de cela à votre maman, il ne convient pas que
votre cousin vous embrasse de la sorte. — J'y ai
pensé plusieurs fois, reprit-elle, mais il me promet
toujours que ce sera la dernière fois, et puis j'ai
peur de le faire gronder.

Une autre idée passa tout-à-coup dans l'esprit
de M.lle Henriette. Elle se mit à contempler le
ciel avec admiration, et me pria de lui dire les
noms de quelques étoiles. — Je lui indiquai Cas-
siopée, la Lyre et les constellations de Persée,
de Pégase et d'Andromède. A cette occasion nous
fîmes une petite excursion dans la mythologie,
et nous convînmes que c'était justice à Jupiter
d'avoir placé dans le ciel le cheval Pégase qui
avait eu sa part dans la délivrance d'Andromède.
Nos regards se tournèrent ensuite sur l'étoile du
soir, qui se levait resplendissante à l'horizon. —
C'est une planète, dis-je à ma jeune compagne,
c'est Vénus, c'est la déesse de la beauté, la mère
de l'amour.

M.lle HENRIÉTTE. — Oh ! dites-moi donc ce que

c'est que l'amour : mon petit cousin me répète sans cesse qu'il a de l'amour pour moi et qu'il voudrait m'épouser.

Mlle Henriette était devant moi, me tenant par la main et attendant ma réponse. — Ma belle curieuse, lui dis-je, l'amour est un substantif masculin singulier ; au pluriel le mot amour est des deux genres, on dit les premiers amours ou les premières amours. — Oh ! s'écria la jeune fille, je ne vous demande pas de l'analyse grammaticale, comme mon maître m'en fait faire tous les jours ; je désire savoir ce que c'est qu'éprouver de l'amour pour quelqu'un. — Ma bonne amie, répondis-je, si ce n'est que cela que vous demandez, c'est bien simple. Avoir de l'amour pour quelqu'un, c'est l'aimer de toute son âme, c'est songer constamment à lui, c'est s'ennuyer mortellement quand il n'est pas là. Je suis sûr que vous avez de l'amour pour votre papa, pour votre maman.

Mlle HENRIETTE, *avec surprise.* Ce n'est pas autre chose ? — Je ne le crois pas, repartis-je, mais je m'informerai, et je vous ferai part de ce que j'aurai appris.

La jeune fille me quitta, et s'approchant de la rivière, elle plongea dans l'eau un bouquet qu'elle tenait à la main : je ne devinais pas ce qu'elle allait faire. Elle revint près de moi, et me dit en souriant, et en me regardant avec des yeux pleins de malice : M. l'astronome, si vous ne voulez pas me répondre, je vais vous arroser.

L'effet suivit de près la menace ; elle me secoua son bouquet à la figure. Dans ce moment la lune se couvrit de nuages ; et plusieurs fois je me suis aperçu que dans l'obscurité la raison ne m'éclaire pas de son flambeau. Je dis à M.lle Henriette : si vous continuez à me jeter de l'eau, je vous prendrai votre bouquet, et je ferai comme votre petit cousin, je vous embrasserai. — La jeune fille ne tint pas compte de mes avertissements. Je lui pris les mains, et je parvins sans beaucoup d'efforts à desserrer ses petits doigts ; elle se défendait mollement. Je m'emparai de son bouquet, et en même temps mes lèvres effleurèrent son front ; elle jeta un cri. Mon cœur se serra, je compris que je venais de mal faire, et dans mon trouble je ne savais plus que dire. M.lle Henriette, m'écriai-je, je crois entendre votre maman qui vous appelle. —La jeune fille partit en courant.

Le soir, lorsque je me retrouvai près d'elle dans le salon, je l'abordai d'un air embarrassé, et il me parut qu'elle-même n'était pas à l'aise. Je lui dis : M.lle Henriette, j'ai bien des reproches à me faire ; j'ai commis une faute à votre égard, et je vous en demande pardon. Je croyais que vous étiez encore une enfant, et je m'aperçois que vous êtes devenue une jeune fille. — Et mon bouquet, me dit-elle?—Le voici, lui répondis-je; je me préparais à vous le rendre, mais vous me permettrez d'en garder une fleur en souvenir de vous et en souvenir de la faute que j'ai commise.

Le temps jaloux a desséché la fleur que la jeune fille m'avait permis de conserver. Ce n'est plus qu'un peu de poussière; et, sur le papier qui l'enveloppe, sont écrits ces mots : *une fleur, Juvizy,* 1822.

Lorsque j'eus fini mon histoire, **M. G...** me fit observer que tout cela n'avait pas grand rapport à la vendange. Ensuite il me demanda s'il m'était arrivé beaucoup d'aventures de cette force, et il se permit d'autres questions très-indiscrètes. Je vous fais grâce de ces détails, mon cher lecteur; et, revenant au sujet qui nous occupe, je vais vous entretenir des soins qu'il faut donner au vin, lorsqu'il est dans la cave.

CHAPITRE IV.

SOINS DE LA CAVE. — QUALITÉS D'UNE BONNE CAVE. RENSEIGNEMENTS RELATIFS AUX FUTAILLES. DÉPÔT DU VIN NOUVEAU DANS LES FUTAILLES. REMPLISSAGE. SOUTIRAGE. MALADIES DES VINS. PROCÉDÉS DE CLARIFICATION. TIRAGE EN BOUTEILLE.

QUALITÉS D'UNE BONNE CAVE. RENSEIGNEMENTS RELATIFS AUX FUTAILLES ET A LEUR ENTRETIEN.

Nous avons dit que le vin nouveau, à mesure qu'il découle de la cuve et du pressoir, est transporté à la cave et déposé dans les futailles.

La bonté de la cave a une immense influence sur la qualité du vin. Une bonne cave doit être fraîche sans être humide, et assez profonde pour que la température s'y maintienne à 11 ou 12 degrés centigrades. Il est nécessaire qu'il y règne un courant d'air, et que les ouvertures principales soient pratiquées au nord. Il importe de n'y rien déposer qui répande de l'odeur. Si, par suite de l'humidité du sol, on ne pouvait avoir qu'un cellier, il faudrait à l'extérieur amonceler

7*

de la terre contre les murs, jusqu'à la hauteur de deux ou trois mètres : de cette manière on rend la température moins inégale.

Chez les anciens on conservait le vin au grenier, et quand Horace s'adresse à son amphore, il l'invite à descendre :

O nata mecum consule Manlio,
Descende.

De nos jours si l'on met le vin à la cave, il arrive quelquefois de le fabriquer au grenier. C'est au moins ce que nous apprend ce jeune enfant d'un négociant de Saint-Malo, à qui l'on demande où est son papa, et qui, dans l'innocence de son âge, répond : il est au grenier occupé à faire du vin de Malaga.

Les anciens mettaient le vin dans des vases en terre. Ils le conservaient aussi dans des outres. Aristote, dans je ne sais quel chapitre, nous apprend que dans les outres le vin finissait par se dessécher tellement qu'il fallait le râcler et ensuite le faire dissoudre dans l'eau. Les outres sont encore employées en Espagne.

Il paraît que ce sont les Gaulois qui les premiers ont fabriqué des vases en bois pour mettre le vin. On conseille de vernir le dessous des futailles, afin de les préserver de l'humidité du sol. On conseille aussi de les cercler avec du fer ; il n'y a pas longtemps qu'on n'employait que des cercles en bois, et cependant j'ai ouï dire que Charlemagne avait déjà recommandé, il y a un millier d'années, de ne faire usage que de cercles en fer : les améliorations s'introduisent lentement.

Les tonneaux et les foudres varient dans leurs dimensions. Le vin se conserve mieux dans les vases d'une forte contenance. D'un autre côté plus les vases sont grands, et moins, proportion gardée, il y a d'évaporation ; moins aussi par conséquent, il faut de vin pour le remplissage. Nous avons dit que le vin se compose principalement d'eau et d'alcool. L'eau qui est contenue dans le vin, s'évapore constamment des futailles à travers le bois des douves. Quant à l'alcool qui est très-volatil, il tend sans cesse à s'échapper par les interstices de la bonde. On comprend qu'il importe de boucher avec soin les futailles. On comprend aussi qu'il serait mauvais de mettre du vin nouveau dans des vases en pierre ; on empêcherait l'évaporation de l'eau, et c'est en partie par l'évaporation de l'eau que les vins s'améliorent.

Les futailles doivent être entretenues avec beaucoup de soin ; et de leur bon état dépend en partie le mérite du vin. Tout le monde sait que le même vin, déposé dans des vases différents, n'acquiert pas une qualité égale. Quand on a vidé des tonneaux, et qu'on ne doit pas s'en servir tout de suite, il ne faut pas les laver ; on se borne à en faire découler la lie, et l'on y brûle un morceau de mèche soufrée. En ayant soin, tous les deux ou trois mois, de mécher les futailles vides, on les garantit de l'infection : les vapeurs sulfureuses en s'emparant de l'oxygène de l'air, empêchent la moisissure intérieure des douves. Si les mèches refusent de brûler, on renouvelle l'air dans les futailles, soit à l'aide du soufflet, soit en ôtant pendant quelques heures les bondes et les broches. On peut aussi se servir d'un instrument qu'on appelle le *bon-gré-mal-gré*. C'est un petit vase en fer, muni d'une tringle, et assez étroit pour passer par le trou de la bonde. On le fait rougir ; et, après y avoir jeté de petits morceaux de soufre, ou le descend dans le tonneau : le soufre brûle bon-gré mal-gré.

Au moment de la vendange, on prépare les futailles dont on peut avoir besoin ; on y verse une certaine quantité d'eau bouillante dans laquelle pour lui donner une bonne odeur, on a mis cuire du génévrier ou des feuilles de pêcher. On roule un peu les tonneaux, afin de les imbiber partout, en ayant l'attention d'ôter les bondes de temps en temps pour donner issue à la vapeur : c'est ce qu'on appelle faire un *chaudement*. Au bout de quelques heures, lorsque l'eau est refroidie, on vide les futailles et on les lave avec soin. On y brûle ensuite une mèche soufrée.

Lorsque les futailles sont infectées, on commence par les débarrasser de la moisissure ; puis on y fait un chaudement avec de la chaux, et, si cela ne suffit pas, avec de l'acide sulfurique étendu d'eau, et enfin avec de la lie. L'acide sulfurique doit être employé avec précaution. On considère le moyen suivant comme plus efficace. Après avoir défoncé les tonneaux, et les avoir nettoyés, on les laisse sécher à l'air pendant trois semaines ou un mois ; ensuite on les brûle avec de la paille ou des copeaux que l'on promène enflammés sur la surface intérieure des douves. — Malgré tout ce que l'on peut faire, il y a toujours du danger à mettre du vin dans des tonneaux qui ont été fortement moisis.

DÉPOT DU VIN NOUVEAU DANS LES FUTAILLES.

On ne doit pas remplir tout à fait les futailles, parce que le vin nouveau fermente encore avec force pendant quelque temps. Par le même motif on ne replace pas les bondons ; on se contente de mettre sur le trou de la bonde, et cela pour empêcher le contact de l'air, quelques feuilles de vigne que l'on maintient avec une poignée de sable. Les personnes plus soigneuses placent sur les trous de bonde les entonnoirs hydrauliques dont on a parlé, page 107. Quand le fort de la fermentation est terminé, au bout de quinze jours ou de trois semaines, on remplit les futailles ; et l'on bondonne sans trop serrer. On achève de serrer les bondes vers le 10 novembre. — Les futailles doivent être bondonnées avec soin pour que l'air ne puisse pas y pénétrer, et aussi pour que l'alcool ne s'échappe pas. Les bondes doivent toujours être garnies de linge propre.

REMPLISSAGE.

Nous avons expliqué qu'à travers les pores du bois, il se forme une évaporation qui oblige à remplir les futailles de temps en temps. On ne doit remplir qu'avec du bon vin. A défaut de vin convenable, on peut mettre des cailloux bien lavés. Il suffit de remplir tous les trois ou quatre mois, car il faut craindre de donner de l'air au vin. Je connais un propriétaire qui ne remplit jamais : il a soin de ne pas entamer l'espèce de peau qui se forme au-dessus du liquide, et il goûte ses vins à l'aide d'une petite anche en bois placée au milieu des futailles, dans une douve du fond de devant.

SOUTIRAGE.

Le vin, surtout lorsqu'il est nouveau, dépose de la lie; la lie se compose des impuretés du raisin, de la matière colorante, du tartre, etc. Le tartre ou vin-pierre forme, sur les parois des futailles, une croûte plus ou moins épaisse, hérissée de petits cristaux.

Si l'on n'a pas une excellente cave, il y a le

plus grand danger à ne pas enlever la lie, parce qu'elle peut remonter, lorsque le vin travaille par suite de la chaleur de l'air. On sait qu'à certaines époques de l'année, les vins éprouvent une espèce de fermentation, et quelquefois cette fermentation est telle qu'on est obligé de desserrer les bondes.

Il est d'usage de transvaser les vins nouveaux au mois de mars ou d'avril et même dès le mois de février pour les vins blancs. Quelques propriétaires renouvellent cette opération au mois de septembre suivant. Quant aux vins vieux, c'est-à-dire qui ont plus d'un an, il y a des personnes qui n'y touchent plus, à moins que cela ne soit nécessaire. D'autres au contraire transvasent les vins vieux régulièrement une fois chaque année, soit en mars, soit en septembre. Cette dernière époque est considérée comme étant la plus favorable. Lorsqu'on transvase des vins vieux, au printemps, il ne faut pas opérer par le froid ; le vin se trouble et noircit, et quelquefois il a de la peine à se rétablir. Il y a d'ailleurs des vins qui sont plus disposés à noircir que d'autres. — On m'a parlé d'un propriétaire qui collait les vins nouveaux sur la lie, avant le premier soutirage, et qui de cette manière évitait les soutirages ultérieurs.

Dans la Moselle, le soutirage se fait presque toujours à l'aide de hottes ; on emploie rarement le soufflet qui n'offre pas un grand avantage, puisqu'il ne soustrait pas complétement le vin à l'action de l'air. Il est inutile de dire que, lorsqu'on transvase, il faut arrêter l'opération, dès que le vin n'est plus parfaitement clair; on réunit ensemble tous les fonds de tonneau, et on les colle comme il sera dit, page 127.

Le soutirage a pour effet d'affaiblir le vin, parce que, dans le cours de cette opération, il s'échappe une certaine quantité d'alcool; cependant on est généralement d'accord que, dans notre contrée, ce n'est qu'au moyen des soutirages qu'on peut empêcher les vins vieux de s'acidifier.

Lorsqu'on transvase, il faut veiller avec le plus grand soin à la propreté des futailles dans lesquelles on dépose le vin; et d'un autre côté on ne doit pas oublier de les mécher. En voici la raison : pendant le soutirage, une certaine quantité de l'oxygène de l'air se mêle au vin, et cela le dispose à s'aigrir; il faut en débarrasser le liquide. On parvient à s'emparer de cet oxygène à l'aide du gaz sulfureux qui est produit par la mèche. — Le *soufrage* lorsqu'il est trop énergique, décolore un peu le vin.

Lorsqu'une pièce de vin ne se trouve pas tout à fait remplie, on doit y brûler immédiatement un morceau de mèche. Avec cette précaution, le vin peut rester en vidange sans inconvénient pendant plusieurs semaines; la même précaution est à prendre lorsqu'une pièce n'est vidée que partiellement.

Il arrive que des vins qui étaient clairs avant le soutirage, se troublent à la suite de cette opération, mais ordinairement ils ne tardent pas à recouvrer leur limpidité.

MALADIES DES VINS. PROCÉDÉS DE CLARIFICATION.

Malgré les précautions que l'on prend, le vin est quelquefois sujet à des maladies. Il s'y opère alors un changement de goût qui n'échappe pas aux personnes un peu exercées. D'un autre côté quand un vin s'altère, presque toujours il se trouble, et c'est un avertissement qu'il ne faut pas négliger.

Lorsque des vins se gâtent, la première chose à faire c'est de les clarifier. Pour les vins rouges, on emploie des blancs d'œufs ou du sang de bœuf; et, pour les vins blancs, de la colle de poisson. L'albumine contenue dans les blancs d'œufs, dans le sang et dans la colle de poisson, forme une espèce de réseau ou de filet qui rassemble toutes les matières en suspension dans le vin, et les entraîne au fond.

Voici comment on prépare les blancs d'œufs : pour un hectolitre de vin, on prend trois blancs d'œufs frais, une petite poignée de sel ordinaire ou 5 grammes de cristal minéral (sel de nitre),

et un demi-verre d'eau; on mêle tout cela ensemble sans trop faire mousser. Cela fait, on
agite avec un bâton fendu en quatre, le vin
contenu dans le tonneau; et, après y avoir versé
la colle par le trou de la bonde, on agite encore
le vin pendant quelques instants. On frappe ensuite sur les douves pour faire tomber la mousse.
On remet dans le tonneau la petite quantité de
vin qu'on en a préalablement extraite, et l'on
bondonne; dix jours après, le vin doit être éclair-
ci. — Quant au sang, on procède comme il suit:
on prend du sang de bœuf ou de veau. Le sang
doit être chaud, on le bat avec un petit balai,
la fibrine se coagule en filaments autour du balai,
on la jette, et ce qui reste est l'albumine. La colle
au sang est très-puissante; il n'en faut pas trop
mettre, car on décolorerait le vin. On a obtenu
de bons résultats avec un litre d'albumine pour
six hectolitres de vin. On délaie l'albumine dans
du vin, et l'on agit d'ailleurs comme pour la colle
aux blancs d'œufs. On n'emploie le sang que pour
clarifier des quantités de vin considérables.

La colle de poisson se prépare facilement:
après l'avoir réduite en petits morceaux, on la
met tremper pendant dix ou douze heures dans
un peu d'eau; quand elle est en gelée, on la
délaie avec du vin, et l'on s'en sert, en procédant
ainsi que nous l'avons expliqué pour les blancs
d'œufs. Pour 1 hectolitre de vin il faut 5 grammes

de colle de poisson et 5 grammes de sel de nitre.

On n'oubliera pas que, lorsque des vins ont été collés, il faut, aussitôt qu'ils sont éclaircis, les transvaser, pour qu'ils ne restent pas sur le dépôt qui a été produit par la colle.

Le collage suffit souvent pour rétablir les vins. Lorsqu'après cette opération ils paraissent affaiblis, on les relève en y mêlant, en proportion convenable, du vin ferme et de bonne qualité. — On peut procéder de même si l'on s'aperçoit que les vins tournent à l'aigre, à l'absinthe ; mais, dans ce cas, le plus sûr est de les consommer rapidement. L'aigre, quand il est le résultat de la fermentation acide, est une maladie sans remède.

Il arrive quelquefois que des vins blancs deviennent gras et filent comme de l'huile. Cette maladie n'attaque guère que les vins blancs qui n'ont pas cuvé, et qui par suite ont peu de tanin. Voici le procédé de guérison qui m'a paru le plus simple. On commence par transvaser le vin à la hotte, en le jetant d'un peu haut sur des balais placés dans l'entonnoir. Ensuite on le clarifie avec de la colle de poisson, préparée comme il a été dit plus haut ; on peut doubler la dose de cristal minéral. Dix jours après, quand le dépôt est formé, on transvase et le vin est ordinairement rétabli. — Les vins gras se rétablissent souvent d'eux-mêmes

Lorsque du vin blanc a contracté une fausse couleur, on peut lui rendre sa limpidité, en le collant avec du lait frais non bouilli. Il suffit d'un demi-litre de lait par hectolitre de vin. On jette le lait dans le tonneau, on bat fortement le vin, et au bout de dix jours on soutire.

Je voudrais indiquer un moyen pour enlever le goût de moisi, mais je manque de renseignements suffisants. Je puis dire cependant qu'il y y a quelques années, j'ai rendu potable un hectolitre de vin en le collant avec un verre d'huile d'olive. Après quelques semaines, le mauvais goût avait disparu, mais le vin était devenu très-plat. — Il m'a été dit que l'on avait combattu avec succès le goût de moisi en mêlant au vin un peu de poudre d'iris ou de semence de poireau pulvérisée. Lorsque du vin a contracté le goût de moisi, il ne faut pas le transvaser dans un autre tonneau qu'on infecterait également.

Quand une cave est bonne et qu'elle est bien soignée, il est rare qu'on ait des vins malades.

TIRAGE EN BOUTEILLE.

Beaucoup de personnes se contentent de tirer au tonneau le vin d'ordinaire; mais, pour peu que le tonneau reste en vidange, le vin s'évente et ne tarde pas à s'aigrir. Si l'on veut boire le vin dans toute sa qualité, il faut le mettre en bouteille.

Pour faire cette opération, il importe de choisir un beau jour. Il ne faut pas opérer par le froid, du moins pour les vins rouges qui seraient exposés à noircir. D'un autre côté, on ne doit pas mettre les vins en bouteille, lorsqu'ils sont encore trop verts ; ils ne s'amélioreraient que fort lentement. Un propriétaire m'a raconté qu'ayant tiré trop tôt en bouteille du vin de 1834, il avait été obligé de le remettre en tonneau.

Avant de mettre le vin en bouteille, on commence par le coller avec soin. Si le vin n'est pas parfaitement limpide, il se fait du dépôt; et l'on est contraint de transvaser les bouteilles avant de les boire, ce qui est une grande gêne.

Ainsi que nous avons expliqué à la page 127, on clarifie le vin rouge avec des blancs d'œufs, et le vin blanc avec de la colle de poisson. M. de Chazelles n'emploie pour les vins blancs que la colle de poisson, et ses vins ne déposent jamais.

Il est inutile de dire que les bouteilles doivent être lavées avec le plus grand soin ; la moindre odeur est contractée par le liquide. Si l'on fait usage de petits plombs, on doit veiller à ce qu'il n'en reste pas dans le fond des bouteilles : cela pourrait occasionner un empoisonnement. On rend facile le lavage des bouteilles, si, aussitôt qu'une bouteille est vide, on y passe un peu d'eau; on la tient ensuite renversée jusqu'à ce qu'elle soit sèche. Afin que les bouteilles occupent moins de place à la cave, on peut avoir des poteaux garnis tout autour de chevilles dans lesquelles on plante les bouteilles.

Si la propreté est indispensable pour les bouteilles, elle n'est pas moins nécessaire pour les bouchons. Quand on emploie des bouchons qui ont déjà servi, on doit rejeter tous ceux qui ont une mauvaise odeur. Il faut aussi mettre de côté tous ceux qui, étant troués, n'empêcheraient pas le contact de l'air. Pour les vins fins, il convient de n'employer que des bouchons neufs.

On remplit les bouteilles de manière à ce qu'il ait 3 centimètres d'intervalle entre le vin et le bouchon. Pour faciliter l'entrée des bouchons, il y a des tonneliers qui les mordent avec les dents; cela n'est pas propre. Si les bouchons sont trop gros, il est facile de les allonger en les comprimant avec l'instrument connu sous le nom de mâche-bouchons. Pour faciliter l'entrée du bouchon, on trempe son extrémité inférieure dans du vin. On frappe ensuite sur le bouchon à l'aide d'une palette, car il faut que les bouteilles soient parfaitement bouchées, pour empêcher le contact de l'air. Il est d'usage de goudronner les vins fins. On trouve à acheter de la cire toute préparée pour cet effet. On la fait fondre, et quand elle est bien dissoute, on y trempe le goulot de la bouteille jusqu'à l'annneau; ensuite on retire la bouteille, et la tenant penchée au-dessus du poêlon, on le tourne quelques instants dans la main pour que la poix s'étende uniformément, en se séchant.

Dans la cave, il est indispensable de tenir les bouteilles couchées; autrement, les bouchons qui ne seraient pas mouillés par le liquide, se dessécheraient et ne tarderaient pas à donner passage à l'air. On place les bouteilles par lits; si le tas est un peu élevé, on met de petites lattes de chêne entre les rangs de bouteilles. — Si l'on veut mettre un peu d'ordre dans sa cave, il est indispensable d'établir des cases à l'aide de planches que l'on sépare par des montants; dans les cases inférieures on met les vins que l'on possède en plus grande quantité. En donnant à ces cases une profondeur de 70 centimètres, on peut y placer un double rang de bouteilles.

Les vins des environs de Metz, lorsqu'ils ont été traités convenablement, ne sont pas dépourvus d'une certaine qualité : plusieurs fois, je les ai entendu comparer à des vins étrangers, et c'est la plaisanterie la plus agréable qu'on puisse faire à un propriétaire de vignes, chez qui l'on veut bien accepter à dîner. Voici une petite scène dont j'ai été témoin. — On venait de se mettre à table. Le repas avait fort bonne mine, et de jolies fleurs ornaient la salle à manger; les maîtres de la maison n'avaient rien négligé pour bien recevoir leur convive. Celui-ci, voyant les attentions dont il est l'objet, exhale sa reconnaissance en propos aimables ; il félicite son hôte sur tout ce qui l'entoure, il admire l'air de santé et de contentement des enfants ; et, après avoir regardé la dame du logis, il déclare que la mère paraît aussi jeune que ses filles. — Tous ces compliments vont au cœur du père de famille ; le tour du propriétaire va venir.... Le convive a porté à ses lèvres la coupe dans laquelle on a versé un vin blanc d'une transparence admirable ; et, après l'avoir goûté à deux reprises, il semble réfléchir pendant quelques instants. Puis, s'adressant à son hôte, il lui dit : « vous avez là d'excellent vin ; d'où le faites-vous venir ? » — A ces mots, le propriétaire tressaille de joie ; et, regardant d'un air triomphant sa femme, avec laquelle il met en commun tous ses plaisirs, il répond que c'est du vin de son crû, du vin d'Auxerrois, son meilleur vin. — Le convive reprend : je le crois facilement que c'est votre meilleur vin, on le prendrait pour du Chablis ; il en a la force et le bouquet, etc.

J'ai entendu comparer le vin blanc de Magny a du vin de Sauterne, et nos vins rouges les plus estimés à du vin de Bourgogne. — Vous pourrez, mon cher lecteur, mériter un jour des compliments de ce genre, si, récoltant des vins de bonne qualité, vous les soignez avec toute l'attention désirable.

CONCLUSION.

———◁◦◦◦◦▷————

Nunc est bibendum.

Le plaisir est la fin de toutes choses; et, maintenant que le vin est fait, je vous engage à boire:
on dit que c'est une des plus grandes jouis-
sances de la vie. Les anciens, qui s'y connaissaient, se représentaient les Dieux occupés à
boire le nectar; et, comme si ce n'était pas assez
de savourer une liqueur délicieuse dans des
coupes embaumées, ils avaient imaginé que le
nectar était versé aux habitants de l'Olympe par
les mains du beau Ganymède, et de la charmante
Hébé, la déesse de la jeunesse.

C'était à la boisson que les Anciens emprun-
taient leurs expressions les plus douces. Dans
l'Énéide, lorsque Vénus vient demander à Jupiter
je ne sais plus quelle grâce, le maître des Dieux
et des hommes commence par embrasser sa chère

8

fille, *oscula libavit natœ* : aujourd'hui on ne dirait plus qu'on boit des baisers, mais en revanche on dit en style familier, manger quelqu'un de baisers.

Les Anciens buvaient avec plus d'apparât que les modernes. Lorsqu'on avait achevé de manger, on enlevait tous les mets et l'on couvrait les tables de flacons de vin.

Il y avait une si grande variété de vins que, selon Virgile, il eût été plus facile de compter les grains de sable de la mer.

Les vins dont il est parlé le plus souvent, sont ceux de Chio, de Lesbos et de Falerne. A l'occasion de son triomphe, Jules César en fit distribuer au peuple de Rome; c'était une somptuosité dont on n'avait pas d'exemple. A côté de ces vins fameux, il y en avait d'autres très-estimés; déjà nous avons indiqué le Cécube célébré par Horace. L'empereur Auguste aimait beaucoup le Cétin; et, comme si deux époux ne pouvaient jamais être d'accord, c'était le Lucin que préférait l'impératrice Livie.

Si l'on en croit certains auteurs, il y avait dans l'antiquité des vins qui exhalaient le goût du jasmin et de la violette. Les anciens au reste aimaient singulièrement les parfums. Ils embaumaient le vin en y mêlant de la myrrhe, ils semaient les coupes de feuilles de roses, ils garnissaient les salles à manger de plantes odoriférantes; et, avant de se mettre à table, ils se couvraient d'odeurs. Il semble qu'à l'ivresse du vin, ils voulaient ajouter encore l'enivrement des parfums.

Quelquefois, et sans doute pour donner au vin un goût plus relevé, on faisait de singuliers mélanges. Dans l'Iliade, lorsque Nestor reçoit Machaon dans sa tente, la belle Hécamède, aux cheveux d'or, verse du vin de Pramne dans les coupes; elle y rape avec un instrument d'airain du lait caillé de chèvre, et poudre la surface d'une blanche farine : la boisson préparée, les deux guerriers s'en abreuvent avec délice. Il paraît au reste que le sage Nestor avait un cellier très-bien garni. Dans une autre circonstance, nous le voyons offrant à Télémaque un vin de couleur vermeille, gardé soigneusement depuis dix ans, et dont une esclave venait d'ouvrir l'urne odorante. En passant, Homère nous décrit la coupe de Nestor : elle était à double fond, garnie de quatre anses et enrichie d'étoiles brillantes. Lorsqu'elle était remplie, Nestor la soulevait sans peine; un autre vieillard n'aurait pu l'ébranler.

Pour rendre le vin plus agréable, on le faisait rafraîchir. D'abord on se contentait de le plonger dans une eau fraîche; plus tard l'idée vint de mêler à la boisson de la neige ou de la glace : cette pratique était défectueuse. L'empereur Néron imagina d'envelopper les flacons avec de la neige ou de la glace ; c'est ce que nous faisons aujourd'hui pour le vin de Champagne.

Dans les festins on servait aussi du vin chaud, et les fameux vases murrhins avaient la renommée de rendre meilleure la boisson que l'on y chauffait.

Avant de se mettre à boire, on élisait le roi de la table ; cet important personnage était tiré au sort parmi les convives. On apportait un jeu d'osselets, et celui qui amenait le coup de Vénus était proclamé roi,

> Quem Venus arbitrum
> Dicet bibendi.

La beauté a toujours joué un grand rôle dans les choses de ce monde.

Le roi du festin gouvernait en despote. Il disait combien de coupes il fallait vider, et celui qui refusait de boire était chassé de la salle du festin. Qu'il boive ou qu'il sorte, s'écriait l'assemblée.

Quelquefois on devait boire autant de fois qu'il y avait de lettres dans le nom de la personne qu'on aimait le plus,

> Nœvia sex cyathis, septem Justina bibatur,
> Quinque Lycas, Lysa quatuor, Ida tribus :
> Omnis ab infuso numeratur amica Falerno.

Cet usage donnait lieu à des investigations indiscrêtes. D'après le nombre des coups que l'on avait bus, les convives s'amusaient à chercher le nom de la beauté qui vous avait blessé au cœur,

> quo beatus
> Vulnere, quâ pereat sagittâ.

Souvent le roi de la table ordonnait de boire trois fois en l'honneur des trois grâces ou neuf fois en l'honneur des neuf muses, et de là le proverbe latin, *aut ter bibendum aut novies.*

On raconte que des convives ne prenant conseil que de leur courage, vidaient autant de coupes qu'ils vous souhaitaient d'années d'existence. Ovide parle de buveurs déterminés, qui auraient souhaité à leurs amis les années du vieux Nestor.

Comme si le vin par lui-même n'avait pas assez d'attrait, les Anciens s'excitaient à boire, en se représentant la brièveté de la vie et la nécessité qu'il y avait de jouir, sans jamais compter sur le lendemain,

> .... Sapias, vina liques.
> Carpe diem, quam minimum credula postero.

J'ai lu quelque part que, dans la salle du festin, les Égyptiens plaçaient l'image de la mort, et de temps en temps un des convives s'écriait : il faut mourir. — C'était une singulière façon de s'engager à la joie. Les idées sont bien changées ; et, de nos jours, si quelqu'un dans un dîner venait nous dire : « buvez, mangez, hâtez-vous de jouir, vous mourrez peut-être en sortant de table, » je crois que les assistants songeraient à faire pénitence plutôt qu'à vider leur verre.

Un moyen qu'on employait aussi pour s'exciter à boire, c'était de faire usage de vases qui étaient troués par le fond. Pour les remplir, on bouchait l'ouverture avec le doigt, et force était de les vider entièrement avant de les poser sur la table. D'un autre côté les convives, pour se prémunir contre l'ivresse, se couvraient la tête de couronnes de lierre qui avaient la réputation de dissiper les fumées du vin.

Boire beaucoup, c'était alors une sorte de mérite ; et, dans les cérémonies publiques, il arrivait quelquefois de distribuer des prix à ceux qui vidaient le plus de coupes. Dans un combat de ce genre, Denys le tyran fit présent au vainqueur d'une couronne d'or.

On comprend qu'avec de pareils usages l'ivresse ne devait pas être chose rare ; aussi l'histoire nous apprend-elle que plusieurs personnages fameux se sont livrés à la boisson. Nous citerons seulement Caton-l'Ancien et Alexandre-le-Grand. Si l'on en croit Horace, le sage Caton, Marcus Porcius Cato, n'était pas indifférent au jus de la treille ; et quant à Alexandre, on rapporte qu'à la suite d'un festin, il donna la mort à deux de ses amis, qu'une autre fois, dans la société de la courtisane Thaïs, il incendia un palais, et qu'enfin il mourut victime de son intempérance, après avoir vidé la coupe d'Hercule dans une lutte avec Protée, le plus grand buveur de l'armée macédonienne.

Aujourd'hui, les excès de boisson sont vus d'un mauvais œil. Il n'y a guère que les marchands de vin qui trouvent l'ivresse pardonnable. J'ai ouï dire qu'un des grands propriétaires de vignes de je ne sais quel département, ne manquait jamais d'ôter son chapeau, lorsqu'il rencontrait un ivrogne ; et l'on m'a ajouté qu'un jour, voyant des individus sortant ivres d'un de ses cabarets, il s'écria, comme Napoléon sur le champ de bataille d'Eylau : Honneur au courage malheureux.

Si l'abus du vin produit de fâcheux résultats, il faut reconnaître qu'un léger commencement d'ivresse produit au contraire des effets merveilleux. Il semble que la vie coule à grands flots dans les veines, l'esprit s'exalte, les sentiments tendres se développent, on devient plus aimable ; en même temps le cœur s'ouvre à la joie, les chagrins se dissipent, l'espoir renaît, tout s'embellit.

La sensation de plaisir que produit la boisson, a paru si agréable que les poètes ont placé sur la même ligne le vin et l'amour.

Béranger a dit :

> Mais à ses pieds la beauté nous attire,
> Mais des bons vins le nectar est foulé ;
> Coulez, bons vins, femmes daignez sourire,
> Et l'univers est consolé.

Dans les chansons, Bacchus et Vénus riment souvent ensemble. Cependant il ne faut pas se dissimuler qu'il existe entre eux une assez grande rivalité. Vénus n'aime pas que l'on sacrifie trop à Bacchus, elle est jalouse des hommages qui lui sont dus. Or il paraît que les mortels qui se livrent à la boisson négligent les autels de Paphos ; on va même jusqu'à prétendre qu'ils finissent par ne plus retrouver le chemin du temple. De son côté Bacchus se plaint des exigences de Vénus.

> Vénus m'a défendu de boire,
> Bacchus m'a défendu d'aimer ;
> Lequel des deux dois-je donc croire ?
> L'un et l'autre ont su me charmer.

Je n'entends pas ici prononcer entre Bacchus et Vénus, mais s'il m'était permis de donner mon avis dans une question aussi délicate, je dirais qu'il faut honorer tous les dieux. Ne nous adonnons pas trop à Bacchus, dans la crainte de nous brouiller avec Vénus. Buvons avec modération, et n'oublions pas qu'il faut savoir mettre de l'eau dans son vin.

J'ai toujours aimé la campagne; mais, à mesure que j'avance en âge, les impressions que j'y ressens se modifient. Dans ma jeunesse, j'aurais passé des heures entières à regarder les fleurs; j'admirais la variété de leurs formes, la vivacité de leurs nuances. Je ne me lassais pas d'entendre le chant du rossignol; et, grâce au pasteur Aristée, je trouvais un certain charme au bourdonnement des abeilles voltigeant au milieu des abricotiers épanouis. Et quand le soir était venu, que tout se taisait sur la terre, mes yeux se tournaient vers le ciel, et j'avais une vive jouissance à la vue des astres brillants qui racontent la gloire de Dieu.

Aujourd'hui les objets ne s'offrent plus à moi sous des couleurs aussi gaies. Parmi les fleurs, ce ne sont pas les plus jolies qui attirent mes regards; je m'arrête de préférence auprès de celles qui me rappellent quelque souvenir, comme les hémérocales et les pensées qui ont suivi au tombeau des personnes qui m'étaient chères, comme la fleur de la veuve dont il est parlé dans Paul et Virginie. La voix du rossignol ne me semble plus aussi harmonieuse ; le chantre du bocage n'est souvent pour moi que la triste Philomèle : c'est une mère désolée qui survit aux enfants qu'elle a perdus. Et, lorsque passant devant les plates-bandes je dérange les abeilles occupées à butiner, je redis tristement ce vers de Virgile :

Sic vos non vobis mellificatis apes.

Le soir quand je contemple le ciel, mon imagination s'effraie. En présence de ces mondes dont le nombre est infini comme l'espace, je songe au néant de l'homme ; et je me demande si l'auteur de toutes ces merveilles daignera jeter sur nous, faibles créatures, un regard de compassion. Et si les pales rayons de la lune, pénétrant dans l'épaisseur du feuillage, produisent çà et là des images fantastiques, ce n'est ni Diane ni Endymion que je crois apercevoir. Je me rappelle la rencontre d'Eudore et de Cymodocée, je pleure sur la fille du prêtre d'Homère ; et, dans le bruissement des feuilles, je crois entendre les derniers gémissements des martyrs mourants.

Malgré ces différences d'impressions, les champs ont conservé pour moi tout leur prestige ; et c'est à eux que je demande des soulagements, quand mon cœur est oppressé par le chagrin,

O rus, quando ego te aspiciam !

Raconter la culture de la vigne, dire les soins de la vendange et de la fabrication du vin, c'est encore s'occuper de la campagne.

Dans les pages qu'on vient de lire, j'aurais voulu joindre l'agréable à l'utile, mais les forces ne répondent pas toujours aux désirs.

M. G... m'avait dit : vous choisirez dans les meilleurs auteurs de jolis passages et vous les mêlerez à votre texte ; ce seront comme des fleurs qui viendront répandre sur votre œuvre une partie de leur attrait.—Les fleurs, hélas! se sont fanées entre mes mains, et tout leur parfum s'est dissipé; mais que voulez-vous? pour exécuter le travail que M. G... demandait, il eût fallu beaucoup d'esprit, et depuis longtemps je suis à la recherche du mien.

NOMS DES PERSONNES CITÉES DANS L'OUVRAGE.

Messieurs,

Boissy, ancien officier du Génie, à Vantoux.
De Chazelles, propriétaire, à Metz.
Collignon, d'Ancy, propriétaire, à Metz.
Dauphin, ancien notaire, à Pange.
Huot, conseiller à la cour d'appel, à Metz.
Lamy, ancien receveur des finances, à Ars-sur-Moselle.
Le docteur Langlois, professeur de chimie, à l'hôpital militaire de Metz.
Lanternier, ancien colonel du Génie, à Thionville.
Limbourg, propriétaire, à Kontz, près de Sierck.
Thiva, propriétaire, à Lessy.

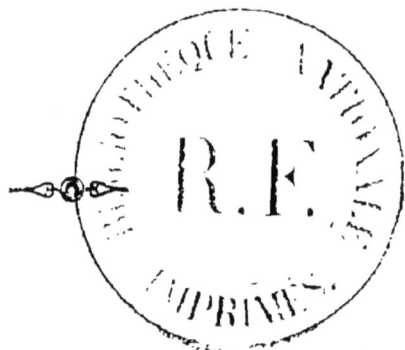

Fig. 3.

n.° 1. n.° 2. n.° 3.

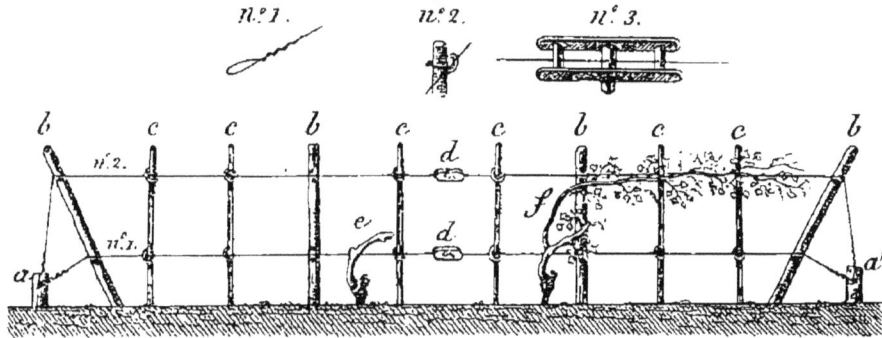

Fig. 1.   Fig. 2.   Fig. 4.

n.° 1.   n.° 2.

   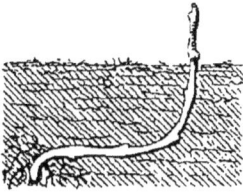   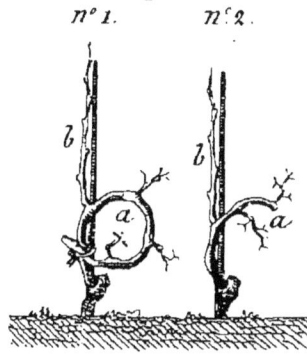

Fig. 6.

Fig. 5.

n.° 1.   n.° 2.

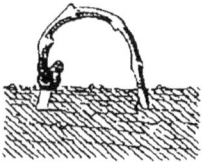   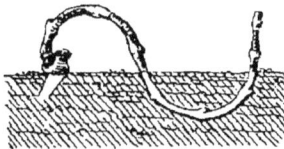   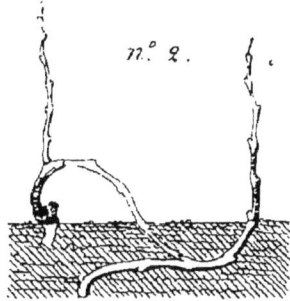

Lith. de Verronnais, Metz.

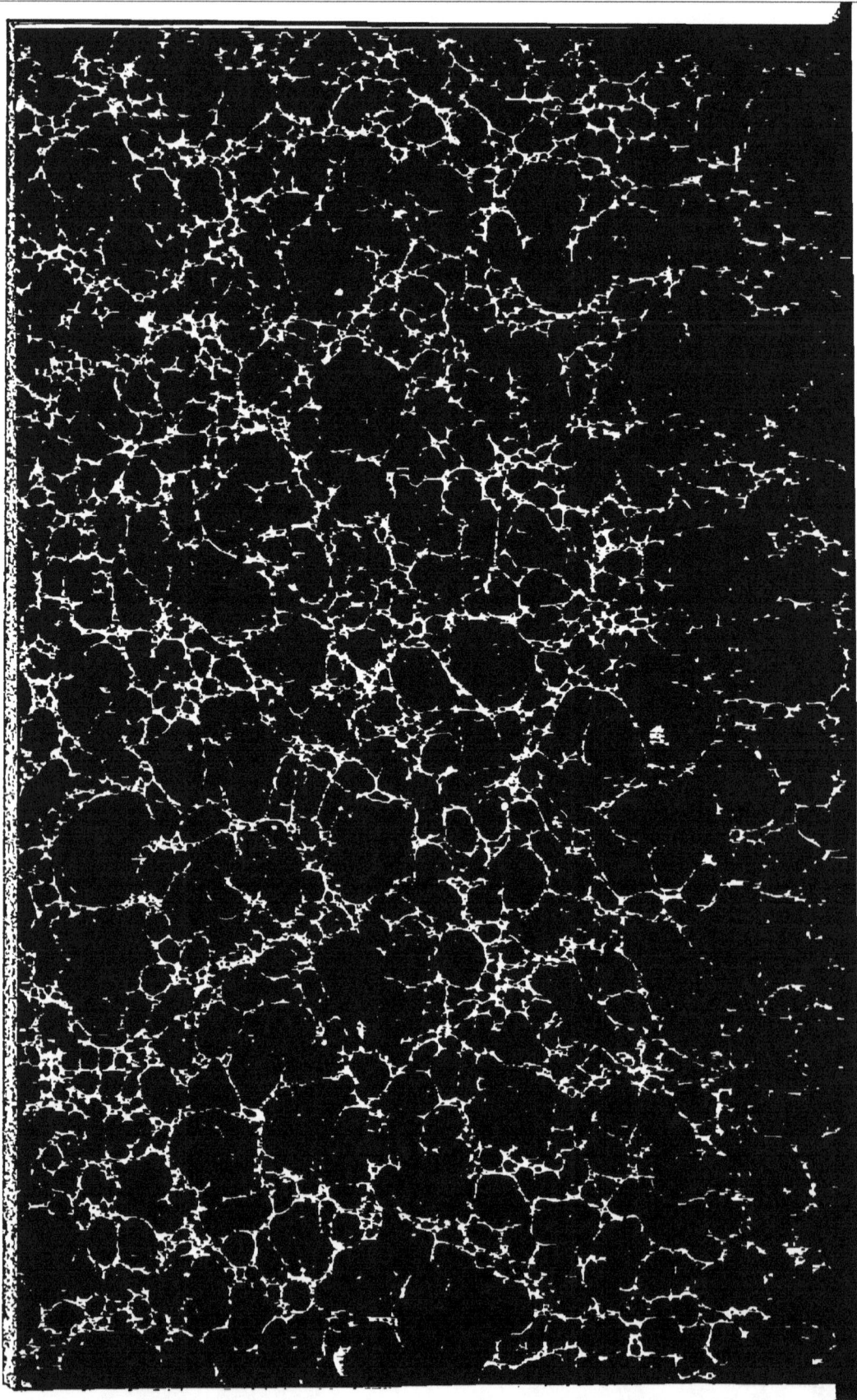

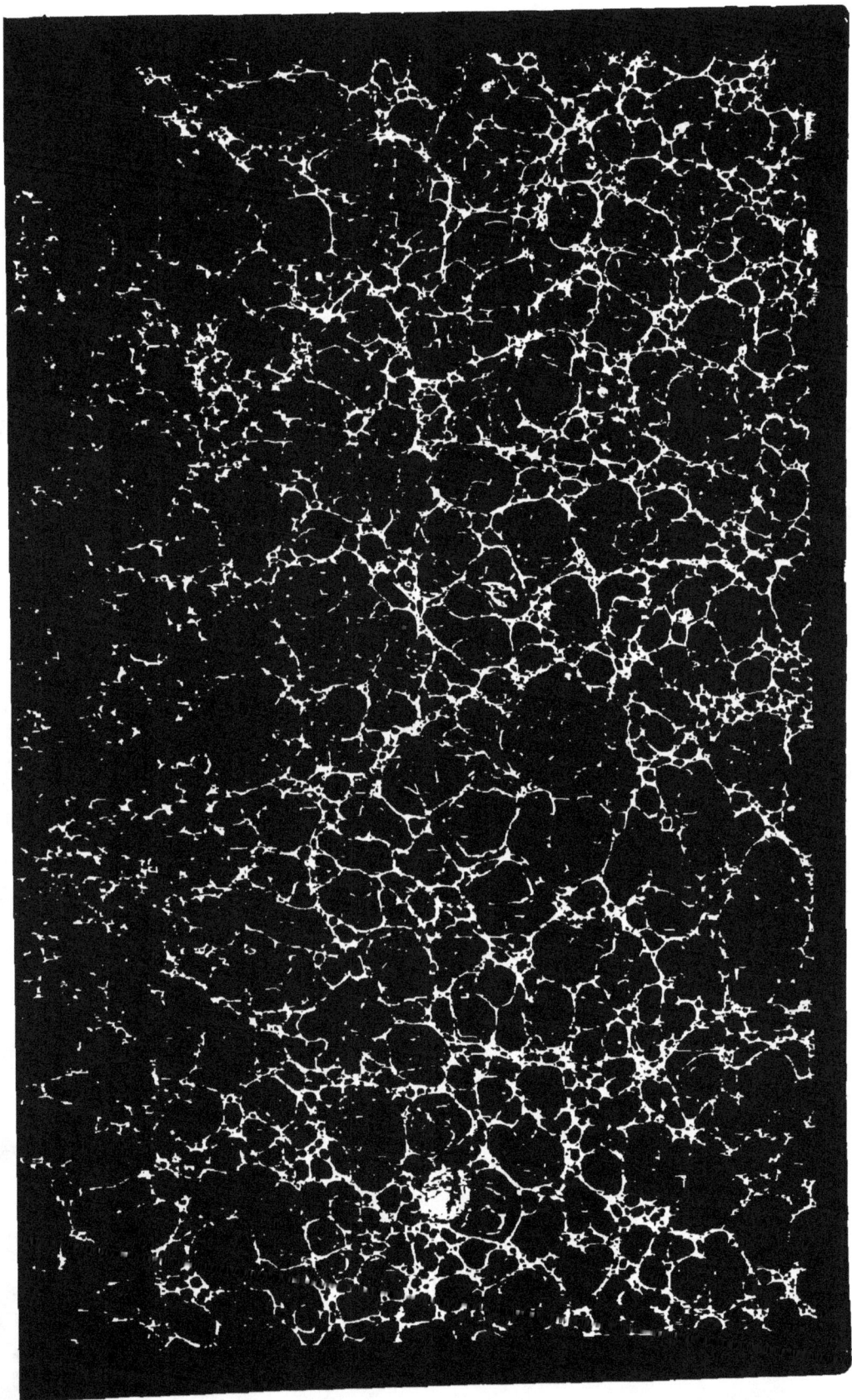